孩子的教养
源自父母的修养

陈昕 / 编著

電子工業出版社·

Publishing House of Electronics Industry

北京·BEIJING

图书在版编目（CIP）数据

孩子的教养，源自父母的修养 / 陈昕编著. -- 北京：电子工业出版社，2016.6

ISBN 978-7-121-28643-8

Ⅰ. ①孩… Ⅱ. ①陈… Ⅲ. ①家庭教育 Ⅳ. ①G78

中国版本图书馆 CIP 数据核字（2016）第 085907 号

策划编辑：张 轶
责任编辑：张 轶
印　　刷：中国电影出版社印刷厂
装　　订：中国电影出版社印刷厂
出版发行：电子工业出版社
　　　　　北京市海淀区万寿路 173 信箱　邮编　100036
开　　本：787×1092　1/16　印张：12　字数：170 千字
版　　次：2016 年 6 月第 1 版
印　　次：2016 年 6 月第 1 次印刷
定　　价：39.80 元

凡所购买电子工业出版社图书有缺损问题，请向购买书店调换。若书店售缺，请与本社发行部联系，联系及邮购电话：（010）88254888，88258888。

质量投诉请发邮件至 zlts@phei.com.cn，盗版侵权举报请发邮件至 dbqq@phei.com.cn。

本书咨询联系方式：（010）68250970-814。

在世界上，一提及中国，人们首先想到的是"文明古国""礼仪之邦"，然而随着经济日趋发达，如今中国社会越来越富裕，国民的消费水平越来越高，但整体的国民素质却令人堪忧。

在现实生活中，这样的现象屡见不鲜：在博物馆、美术馆内，孩子们大声喧哗、随意照相；在公共场合，父母任凭孩子在众人面前撒泼打滚、随地大小便；在餐厅、机场，小孩子对工作人员吆三喝四；在豪华的游轮上，一些中国孩子旁若无人地追逐喧闹，留下一大堆食物垃圾……每当遇到这种事情，作为同胞的我都会感觉十分尴尬。

我们的孩子究竟怎么了？

世界正在逐步走向大融合，国与国之间的交往也越来越频繁，我们不难预见，未来的世界将会跨越国界，成为真正意义上的整体，而人与人之间的交往，也应该具备一个基本的交往方式。我们的孩子若想赢得他人的尊重，首先要学会如何尊重他人，这是人性中最基本的东西，是家庭教育中必不可少的一部分，同时也是作为世界公民的基本素养，是我们未来国民素质的基础。

许多时候，孩子的言行需要父母给予正确的引导。那么，具体来说应该怎么做呢？为此，我专门编写了这本书。

本书从公共素养最主要的三大方面入手，分别对公共素养的基础、让孩子有个好形象、培养孩子的内在修养做了全面、细致的讲解。书中的内容都是发生在我们身边、受大众关注的问题，包括孩子在公共场合的一些行为规范、在大众面前的行为礼仪、日常吃穿与仪容仪表的细节问题、人际交往的言行举止等。我将自己的家庭教育经验与心得全部写在了这本书中，希望它能帮助每一位家长朋友解决具体的教养问题。

我相信，没有哪个父母愿意看到自己的孩子被人讨厌，被人说"没教养"。我衷心地希望，从我们手中走出去的孩子，能够成为受大众欢迎的人，成为国家新一代的希望。愿每一个孩子，以后无论走到哪里，都能赢得世界的尊重。

目录
CONTENTS

Part 1 公共素养的基础——
教养孩子从最低限度开始

Lesson 1 在公共场合做到这些，让孩子可以更自信地走出家门

Lesson 2 在众人面前做到这些，让孩子走到哪儿都受欢迎

Part 2 孩子有个好形象——怎么吃、怎么穿、怎么做，"礼"遇好习惯

Lesson 3 吃饭、穿衣有讲究，让孩子干净又有礼貌

Part 3　气质修养源自内心——男孩绅士、女孩优雅

Lesson 5　只是一个小小的动作，就能让人家称赞"好贴心的孩子"

Lesson 6

只是一句简单的话，孩子的情商指数就能明显提升

写在前面：

有些事情，
父母要比孩子先知道

你属于哪种类型的父母

众所周知，父母是孩子的第一任老师。由于父母接受教育的程度、社会阅历、性格特征等各方面存在差异，因此，不同的父母在对待孩子的教育问题时也因人而异。那么，你属于哪种类型的父母呢？在培养孩子的公共素养之前，先来认识一下自己吧！

类型一　专制型父母

特点：这类父母把孩子当作是自己的附属品，对孩子的言行举止都要干预。在他们看来，只要是大人制订的规矩，孩子就必须遵守。

一般来说，这种类型的父母不支持孩子提问、探索未知、参加冒险活动、主动做事等，对孩子的态度通常也很强硬，缺少温情，而且在处罚孩子的问题上非常严厉。

这种类型的父母对孩子的成长有什么影响呢？

在专制父母的教育下，孩子通常缺乏自主思考和竞争意识，不懂得恰当地表达自己的感情，在与人交际时可能会遇到一些困难，经常处于被领导的地位，而且容易感到焦虑和喜怒无常。

类型二　放任型父母

特点：这类父母能给孩子足够的温情，但在其他方面一并忽视，任由孩子自由发展，

对孩子的言行缺乏引导，而且不为孩子立规矩，奖励与惩罚也不分明。

放任型的父母不为孩子的成长设限，看似给孩子创造了很大的发展空间，其实是对孩子不负责任的表现。

这种类型的父母对孩子的成长有什么影响呢？

在放任型父母的教育下，大多数孩子的自制力比较差，不懂得尊重的意义，对是非对错的判断标准也不清楚。在遇到困难时，往往不知道如何应对。在与人交往中，常常会自以为是、争强斗胜，容易出现攻击行为。

类型三　权威型父母

特点：这类父母对待孩子态度温和，会给孩子设定合理的标准，乐于向孩子解释道理。既能站在一定高度上对孩子的言行给予引导，又能在恰当的时候鼓励孩子独立自主。

可以说，权威型父母对待孩子的教育最负责，是孩子成长路上不可缺少的领路人，也是称职的父母。

这种类型的父母对孩子的成长有什么影响呢？

在权威型父母的教育下，大多数孩子通常拥有健全的人格，既懂得尊重他人，也明白怎么样待人处事，自主判断力比较高，能与他人形成稳定、亲密的关系，长大后更容易成为独立而自信的人。

哪种类型的父母更有利于孩子成长？相信大家看后心中都有数了。所以，不管你现在属于哪种类型的父母，如果想让自己的孩子成为独立而自信的人，那就在培养孩子之前，先让自己转转型吧！

选对家庭教养方式，
让孩子带着好家教出门

家庭是孩子成长的重要场所，一般来说，父母在抚养、教育孩子时所使用的方法，是孩子能否拥有好家教的关键。因此，父母要想带一个有着好家教的孩子出门，就要选对家庭教养方式。

那么，什么样的教养方式有助于培养孩子的公共素养呢？

好教养第一式：宽容

在宽容家庭中生活的孩子性格活泼，求知欲和好奇心都比较强，而且具有较强的创造能力，这样的孩子往往会受到大家的喜欢，在集体中经常处于领导地位，对是非对错有明确的判断标准，而且爱憎分明。

在用宽容的方式教养孩子时，父母要注意这些方面。首先，父母应该以身作则，为孩子树立一个好的榜样，用宽容的心态去看待孩子。当孩子提出问题时，首先，父母应以认真、严肃的态度予以回应；其次，父母要合理地表达自己的感情，掌握好爱和严的分寸，既能满足孩子的正当需要，又要抵制孩子的不当要求；最后，父母还要注意建立与孩子的关系，应该让孩子有安全感。

好教养第二式：引导

引导，也就是说理、疏导。引导方式合理，孩子就能向好的方向发展，相反，引导方式错误，孩子也会出现许多问题。因此，父母在教育孩子时，需要根据孩子的成长制订一些必要的规矩，比如父母该高兴的时候高兴，该严厉的时候要严厉起来，这

样才能使孩子明白有些行为是不允许做的，以便提高孩子的判别能力和纪律性。

好教养第三式：温暖

温暖是世界各国公认的、家庭教养中十分重要的方式之一。在孩子成长过程中，让孩子感受到家庭的温暖，不仅会使孩子富有同情心，爱帮助他人，还会使孩子懂得自尊自爱。可以说，这种家庭教养方式，对孩子各方面的发展都是有利的。

好教养第四式：奖励

奖励既包括物质奖励，又包括精神奖励，比如鼓励、赞扬等。在奖励方式的选择上，父母最好采用精神奖励，这种奖励通常对孩子的影响时间比较长，而且有助于培养孩子的责任感。物质奖励也可以有，但是要适量，因为物质容易给孩子造成一些误导，让他误以为自己的行为和奖励是一种有偿交换方式。

好教养第五式：惩罚

惩罚是一种比较常见的家庭教养方式，尤其是在传统教育中，这种方式的使用频率比较高。在现代家庭中，许多父母都会尽量避免惩罚教育，但不得不说，有时候这种方式也是必要的。一般来说，惩罚教育可以分为强制和"爱的收回"两种形式。其中，强制不利于孩子的成长，而"爱的收回"所起的作用要因人而异。

那么，什么是"爱的收回"呢？在生活中，有些父母经常会对孩子说："你要是再不听话，我就不喜欢你了。"这就是"爱的收回"的一种体现。在不同类型的家庭中，这种惩罚方式所起的作用也是不同的。在权威型家庭中，它对儿童的作用是积极的，而在专制型家庭中所起的作用则是消极的。因此在使用这种方式的时候，父母一定要灵活变通，

此外，父母在选用这些家庭教养方式时，还有一些问题需要注意：惩罚通常不会改变孩子的不良行为，而且容易产生不良后果，所以，这种方式应灵活使用；温暖虽然有助于孩子发展，但是溺爱就会产生负面作用。父母对孩子的教养不能只用某一种方式，而应根据具体情况综合运用。

公共素养的基础——
教养孩子从最低限度开始

Part 1

在某个范围内，你有一个最低限度，他有一个最低限度，大家共同有一个最低限度，这就是我们常说的"底限"。其实，父母教养孩子不需要大道理说教，只要选取一个适当的底限就可以事半功倍。"己所不欲，勿施于人"，别让孩子的某些行为影响到他人，这也是让孩子学会做人的起码要求。

在公共场合做到这些，让孩子可以更自信地走出家门

01 小声一点，在公共场合不喧哗

在平时，我由于要忙工作所以没时间陪孩子，但到了周末或节假日，我就会好好享受和孩子在一起的时光，与孩子一起去图书馆读自己喜欢的书，或是一起去美术馆欣赏一些名人画作。这对大人来说，可以调节一下紧张的生活情绪，对孩子来说，还会帮助他培养一些兴趣爱好、学到一些知识。但是每当遇到下面的情形，我们的美好时光就一下子崩坏了。

有时候，我和孩子去图书馆阅读，当我们正沉浸在安静的图书世界时，经常会被一些高分贝的声音吓一跳。"喂，哪位？""妈妈，快过来，我找到这本书了！""哎呀，这不是××吗？这么巧在这儿遇到你！"……打电话声、小孩子的喊叫声、聊天声……"声声"不息。这个时候，我只想说："我想静静。"

像图书馆或美术馆这样的公共场合，在安静、祥和的环境中，人们才能融入到知识和艺术的海洋中，若是这些地方像大街上一样喧嚣，就没有人会把注意力集中在书或展览品上面了。有些父母可能会说："孩子好奇心旺盛，看到什么都问，我总不能打消他的积极性吧？"其实，父母完全可以换一种和孩子沟通的方式。

◆ 如果你带着孩子一起去安静的公共场合，首先要告诉孩子保持安静，眼睛可以动，但嘴巴要闭上。

◆ 如果想要和身边的人说话，可以悄悄地耳语。

◆ 如果和远处的人说话，一定要走到对方跟前，近距离小声地说，千万不能大声喊叫。

当然，并不是所有的公共场合都不能大声交谈。有些公共场合本身就是嘈杂、热闹的，比如说游乐场、闹市广场等。这些场合虽然已经很热闹了，但是并不代表我们可以随意喊叫，这时父母要告诉孩子，保持正常说话的音量就可以了。在不同的场合中，孩子应该明白什么时候保持安静，什么时候可以正常说话。

◆ 需要保持安静的场所：图书馆、医院、博物馆、美术馆、电影院、剧场、车厢内等室内场合，或环境比较密闭的其他地方。

◆ 可以正常说话的场所：街头、游乐场、广场等户外比较热闹的地方。

◆ 无论在什么场合中，如果影响到了其他人，我们都应该停止谈话。

所谓公共场合，当然是大家都可能会去到的地方，在这样的地方，如果每个人都只顾自己，而不考虑他人的感受，那么这样的场合谁还会愿意再去呢？所以，作为孩子最亲近的人，父母需要为孩子做好榜样，通过正确的方式引导孩子的言行举止。

儿童公共素养成长记录

今天，爸爸妈妈带孩子去了哪些公共场合？孩子的表现如何？现在，请爸爸妈妈和孩子拿起笔，共同记录一下公共素养的点滴吧！

日期 _____   孩子签名 _____

我的表现很好：

_____

_____

我知道，这样的行为不太好：

_____

_____

爸爸妈妈自我评价

我这样引导孩子的行为：

_____

_____

公共素养的基础——
教养孩子从最低限度开始

02 想拍照，先问一问是否允许

拍照片，相信许多人都喜欢，尤其是在参观一些名胜古迹或是稀有少见的物品时，人们往往会拍张照片留念。我也是这样一个人，不但爱拍自己，如果孩子在身边，还会拉上孩子一起合影留念。你有没有这样的嗜好呢？

爱拍照没有错，爱与一些名胜古迹或展览品拍照也没有错，但如果你发现有"此处禁止拍照"的警示牌时，你还会继续在这里拍照吗？有一次，我在一个博物馆参观时，碰到了这样一件事。

"妈妈，快把这个拍下来！"在一件展品前，一个小男孩正嚷着让妈妈照相。"对不起，这里是禁止拍照的。"一位工作人员上前阻止。可是，那个小男孩却好像没听见工作人员的话似的，不停地要求妈妈拍照。这位妈妈为了满足孩子的要求，也不理会工作人员，拿着手机拍个不停，最后与工作人员吵了起来，场面弄得十分尴尬。

因为拍照的问题，既耽误了自己参观，又给工作人员带来了麻烦，多么不值啊！一般来说，一些博物馆、纪念馆等场合是禁止拍照的，这具体要看每个场合的规定。那么，为什么有些场馆会禁止拍照呢？

◆ 相机的闪光灯会对展览品造成损害。

◆ 有些展览品需要保密。

除此之外，还有一些公共场合不允许拍照，比如电影院、剧院等。能否拍照或录像的权利是掌握在展览方或商家手里的，因此大家最好自觉遵守相关规定，不要为了拍照这种小事情而浪费自己宝贵的时间。

◆ 看到"禁止照相"警示牌，告诉孩子要遵守规定。

◆ 如果想拍照，可以问一下工作人员是否允许。

◆ 如果允许拍照，在拍照时不要影响到他人参观。

◆ 如果不能拍照，那就将时间好好用在欣赏展品或观看演出上吧！

儿童公共素养成长记录

今天，爸爸妈妈带孩子去了哪些公共场合？这些场合允许拍照吗？孩子的表现如何？现在，请爸爸妈妈和孩子拿起笔，共同记录一下公共素养的点滴吧！

日期 _____   **孩子签名** _____

我的表现很好：

_____

_____

我知道，这样的行为不太好：

_____

_____

爸爸妈妈自我评价

我这样引导孩子的行为：

_____

_____

03 忍一忍，在公共空间不吃东西

在生活中，我见过不少十分心疼孩子的父母或长辈，他们不想让孩子忍受一丁点委屈，于是在公共汽车、地铁等密闭空间内喂孩子吃任何东西，包子、饼干、冰激凌、饮料……甚至还有泡面！先不说食物残渣、液体、包装袋撒得到处都是，有些食物的气味完全让人无法忍受。

大家可以试想一下：

在拥挤的地铁车厢内，你正疲惫地忍受着各种汗臭味、香水味，突然，不知从哪儿又飘来浓浓的韭菜味、大葱味、榴莲味……这时你的感受会如何？

如果遇到下面这种情况时，你又作何感想呢？

好不容易挤上地铁，看到眼前还剩最后一个座位。当你一鼓作气想要冲向座位时，突然迈不开步子了。郁闷，踩到了口香糖！终于，挪着黏嗒嗒的步子来到座位前，一屁股坐下，心里美美的，但是又感觉哪里不太对。啊！是谁？谁在座位上洒了果汁？

我敢保证，你今天的心情一定糟糕透了！

说实话，我从来没有觉得在封闭的公共空间内喂孩子吃东西的画面有多么温馨、多么感人，相反，我感受到的只有"讨厌"，相信许多人和我一样。如果气味是一名"杀手"的话，在密闭的车厢内，你绝对插翅难飞。

葱

　　在香港一些地铁站内，经常写有这样的标语"入闸后，忍忍口"，提醒人们在地铁内不要吃东西。在一个污渍斑驳、气味怪异的车厢中，我们的感受一定不会好到哪里去，任何人都会觉得："哎呀，这家人的素质真差！"这是孩子的错吗？不，是大人的错。其实，只要大人对孩子讲清楚，孩子们会表现得非常棒！

◆ 告诉孩子为什么需要忍。

◆ 为孩子做好示范。

在公共空间内吃东西并不是违法的事情，但这种行为会让他人感觉糟糕，还会对公共设施造成不好的影响。所以，请不要让孩子在公共车厢内进食任何东西，忍忍口，空气会变得更清新。

◆ 设身处地考虑一下他人的感受，相信大部分人都不会喜欢刺鼻的气味。

◆ 饮料油汁溢出来，很容易弄脏车厢地面、座椅。

◆ 食物残渣嵌入车缝、地缝，会让公共设施快速老化。

◆ 如果想在火车上吃东西，请注意卫生，不要乱扔垃圾，并尽可能选择气味清淡的食物。如果有些食物气味比较浓烈，最好去餐车车厢进食。

◆ 不只是公共汽车、地铁、火车等交通工具，还有电话亭、电梯间、剧场等较为封闭的场合，最好不要吃东西或喝饮料。

儿童公共素养成长记录

今天，爸爸妈妈带孩子去了哪些公共场合？这些场合适合吃东西吗？孩子的表现如何？现在，请爸爸妈妈和孩子拿起笔，共同记录一下公共素养的点滴吧！

日期 _____   孩子签名 _____

我的表现很好：

_____

_____

我知道，这样的行为不太好：

_____

_____

爸爸妈妈自我评价

我这样引导孩子的行为：

_____

_____

_____

04 注意自己的口气，
别喷到别人脸上

在日常生活中，有些食物好吃却不太好闻，比如韭菜、大蒜、葱、臭豆腐等。每当吃完这些食物后，大家的口气都不太新鲜。此外，平时如果不注意口腔卫生，也会引起口臭等口气问题。试想一下，如果一个满口异味的人冲着你说话，你会有怎样的感受？想必一定不会好到哪里去。

真难闻

在国外，像医生、服务员等需要面对面与服务对象交流的职业，都有严格的规定，吃完大蒜、葱这类有气味的食物后，都必须清洁口腔后才能上岗。即使没有吃带气味的食物，说话时也要尽量错开对方的鼻子和嘴巴，以免自己的口气喷到对方脸上。

在国内，我们也要注意这类问题。估计人们除了不嫌弃自己家宝宝的口气外，对别人的口气都是比较忌讳的。有些父母认为，让孩子吃一些葱、蒜之类的食物，能起到杀菌、预防疾病的作用，但是父母不要忽略了口气问题，吃完饭后提醒孩子及时清洁口腔，培养孩子刷牙、漱口的好习惯。这样既可以减少孩子的口腔问题，又能让孩子时刻保持清新口气，一举两得。

◆ 父母为孩子树立好榜样，培养孩子早晚刷牙、饭后漱口的好习惯。

◆ 如果饭后要去一些公共场合，吃饭时尽量不吃带有气味的食物。

◆ 如果因特殊原因吃了这类食物，要记得饭后刷牙或漱口，去除口气后再出门。

◆ 平时父母可以准备一些口香糖、口腔喷雾或其他清新口气的东西，以备不时之需。

◆ 与人说话时注意，不要距离他人面部太近，避免自己的口气喷到对方的脸上。

儿童公共素养成长记录

今天，爸爸妈妈和孩子吃过哪些食物？这些食物有不好闻的味道吗？与他人交谈时，孩子的表现如何？现在，请爸爸妈妈和孩子拿起笔，共同记录一下公共素养的点滴吧！

日期 _____　　　**孩子签名** _____

我的表现很好：

_____

_____

我知道，这样的行为不太好：

_____

_____

爸爸妈妈自我评价

我这样引导孩子的行为：

_____

_____

_____

05 观看影视表演时
别突然起身、大声交谈

　　每当有好的儿童电影上线，我都会带孩子去影院看电影，一方面，我认为让孩子多接触一些影视作品，有助于激发孩子的想象力、观察力；另一方面，去影院、剧场等公共场合，也可以让孩子学会融入社会，对培养孩子的公共素养十分有益。

　　然而在看电影或观看演出时，我经常会遇到一些不愉快的现象：

　　有的孩子在观看影片时，由于太入迷会不由自主地站起来或兴奋地尖叫，引来周围一片不满。还有的孩子特别调皮，在播放影片时会故意用手去遮挡放映的光线，这样的举动发生在影片结束时没什么大碍，如果是发生在放映中，就会影响到别人的正常观看。

　　此外，还有一种现象让人十分抓狂，那就是——剧透。我和孩子就在电影院遇到过这样的事。

　　电影开始不久，坐在我们旁边的一个孩子就在不停地说话。从他的话语中可以听出来，他之前已经看过一遍了，这次是陪小妹妹来看的。所以，整个观影过程中，他一直在给自己的小妹妹讲述剧情，我的孩子和周围其他观众都特别反感，这场电影看得实在让人不痛快。

也许在这些爱剧透的人看来，大家都愿意提前知道剧情的发展，其实不然，大家选择来影院看，自然是想"亲眼目睹"故事的发展过程。对他这种剧透的行为，观众不仅不会感激他，而且还会对他产生厌烦之感。因此，在电影院或剧场这类公共场合，父母和孩子在观看影视表演时，要注意自己的行为，不要影响到他人。

在欧美国家，孩子在观看戏剧或影视剧表演时，即使感觉很无趣，也会安静地坐着，而不会起身走出，或是大声交谈。因为他们知道，安静地坐着，不仅是对表演者的尊重，也是对其他观众的尊重。

◆ 在观看表演前，告诉孩子应该注意的基本事项，比如不大声说话、对号入座、不随意走动等。

◆ 父母最好提前带孩子去厕所，这样可以避免中途离场，影响其他人观看。

◆ 在安静的氛围中，最好不要吃容易发出声响的食物。

◆ 父母要注意，把手机调成静音状态。在观看中如果需接打电话，可以弯下腰，在不影响其他人观看的前提下去场外接打。

◆ 在观赏时，即使知道剧情，也不要和同伴议论。

◆ 如果影院或剧院整体的氛围很热烈，大家可以适当表达自己的喜悦之情，但是不要故意大喊大叫或站起来（除非这样做不会影响到他人）。

儿童公共素养成长记录

今天，爸爸妈妈带孩子去哪里观看了影视表演？孩子的表现如何？现在，请爸爸妈妈和孩子拿起笔，共同记录一下公共素养的点滴吧!

日期 _____   **孩子签名** _____

我的表现很好：

_____

_____

我知道，这样的行为不太好：

_____

_____

爸爸妈妈自我评价

我这样引导孩子的行为：

_____

_____

06 在公共场合时让手机安静一会儿

如今，手机几乎已成为每个人必备的随身物品，它确实给我们带来了很多方便，但同时也造成了一些不好的影响。

你有没有遇到过下面这些情况呢？

在饭店吃饭时，有的父母为了哄孩子，用手机播放动画片，而且声音很大。

在安静的公园里散步，突然迎面走来一个人，一边用手机放歌，一边大声跟着唱。

在拥挤的车厢内，一位乘客用手机打游戏，外放音乐和周围的声音夹杂在一起，车厢内更显嘈杂。

……………

对于这样的人，我只想说一声："请让手机安静一会儿吧！"

在一些公共场合，我们不能只顾自己痛快，而不顾他人的感受。

人要学会与他人分享，但是分享也要看在什么时候，分享给他人的内容是什么。像这种不论在什么时间、什么场合都强迫别人"分享手机"的事还是越少越好。

父母若是能养成良好的行为习惯，相信孩子也会自觉规范自己的行为，不会因为没有手机的陪伴而在公共场合大吵大闹。

◆ 外出时，爸爸妈妈可以带上孩子喜欢的玩具，当孩子感觉无聊时，可以用玩具陪孩子打发时间。

◆ 爸爸妈妈在安静的公共场合使用手机时，最好把它调成振动状态，这样不容易对他人造成影响。

◆ 如果用手机播放动画，可以给孩子带上耳机。

◆ 向孩子说明原因，当孩子体会到嘈杂的感受后，他会学着控制自己的行为。

儿童公共素养成长记录

今天,爸爸妈妈带孩子去了哪些公共场合?在使用手机时,孩子的表现如何?现在,请爸爸妈妈和孩子拿起笔,共同记录一下公共素养的点滴吧!

日期 _____   孩子签名 _____

我的表现很好:

_____

_____

我知道,这样的行为不太好:

_____

_____

爸爸妈妈自我评价

我这样引导孩子的行为:

_____

_____

07 排好队，
没有什么值得争抢的

在一些公共场合，由于人太多，所以有时候做一些事就需要排队。但是，有些人不是老老实实地排队等候，非要插队抢先。

有一次，我带着孩子坐飞机，大家都在排队依次进入机舱，可是，一个年轻的小伙子却连推带搡地插队往前挤。孩子很疑惑地问我："妈妈，你不是说每个人都有座位吗？为什么这个叔叔那么着急呢？"对此，我竟有些无言以对。我想，那个年轻人可能是为了占有限的行李架吧。

在日常生活中，人们你拥我挤的现象比比皆是。例如，在等公共汽车时，许多人会为了占座位而拥挤；在超市，人们为了抢购便宜的商品拥挤，等等。为什么要争抢呢？为了一个座位、几毛钱的便宜，却因为拥挤而丢失财物、受伤，这样做值得吗？

相信，各位父母并不希望自己的孩子受到伤害，因此在带孩子去一些公共场合时，如果碰到需要排队等候的情况，父母最好和孩子自觉排队，避免与他人争抢。

父母可以这样培养孩子的排队意识。

◆ 乘车、买票、结账时，通常都需要排队。

◆ 需要排队时，自觉站在队伍后方，不随便插队。

◆ 如果赶时间，可以和队伍前面的人商量一下，征得对方的同意后再插队。当然，不要忘了向对方表示感谢。

◆ 排队时，如果不小心挤到了旁边的人，应该及时地说声"对不起"。

◆ 如果坐公交排队，可以提前准备好零钱；如果买票或结账排队，可以提前备好现金。这样既为自己节省了时间，也为后面的客人提供了方便。

◆ 平时遇到拥挤的场面时，爸爸妈妈最好带着孩子远离拥挤人群，不要凑热闹。

排队虽然是一件很小的事情，但是，如果我们每个人都能自觉做到这一点，相信我们的社会将变得更加和谐、美好。

儿童公共素养成长记录

今天，爸爸妈妈带孩子去了哪些公共场合？在排队时，孩子的表现如何？现在，请爸爸妈妈和孩子拿起笔，共同记录一下公共素养的点滴吧！

日期 _____　　　孩子签名 _____

我的表现很好：

_____

_____

我知道，这样的行为不太好：

_____

_____

爸爸妈妈自我评价

我这样引导孩子的行为：

_____

_____

08

"红灯停，绿灯行"
要说到做到

　　"红灯停，绿灯行"，相信大家对这句话都不陌生。我们邻居有一个小女孩，刚上幼儿园，每次我们两家人一起外出，遇到信号灯时，小女孩都会奶声奶气地说这句话。幼儿园的小朋友尚且知道的常识，许多成年人却"不懂"。在生活中，"闯红灯"似乎成了一种无意识的行为，我甚至见过一些很夸张的现象。

　　一次，我正在一个路口等红灯，旁边的一位妈妈带着孩子也要过马路，只见那位妈妈一边教育孩子过马路要遵守交通规则，一边拉着孩子闯红灯，等她们快走到路中间时，绿灯才亮起。这时，这位妈妈竟然对孩子说："宝贝，快看，这就是绿灯行。"

红

这位妈妈的做法真是令人啼笑皆非，这究竟是在用实际行动教孩子遵守规则，还是教孩子怎样闯红灯？

　　"交叉路口红绿灯，指挥交通显神通；绿灯亮了放心走，红灯亮了别抢行；黄灯亮了要注意，人人遵守红绿灯。"我想，父母在教育孩子之前，首先要保证自己弄明白这首儿歌究竟是在讲什么。都说

**　　父母是孩子的第一任老师，我们大人更应该以身作则，为孩子树立一个好榜样，不是吗？**

◆ 指导孩子正确认识交通信号灯，以自己正前方的信号灯为准。

◆ 爸爸妈妈带着孩子过马路时，要走人行横道。

◆ 对于那些不遵守交通规则的人，告诉孩子不要跟风模仿，一旦发生交通事故，后果会很严重的。

　　许多小学生已经能够独立上下学，在上学或放学时可能会与同学结伴而行。对于年龄大一些的孩子，父母可以这样引导。

◆ 与同伴一起过马路时，不要追赶打闹。

◆ 在过马路的时候，无论有没有信号灯，都要左右看一下，确定没有车辆通行再走。

儿童公共素养成长记录

今天，爸爸妈妈带孩子外出了吗？在过马路时，孩子的表现如何？现在，请爸爸妈妈和孩子拿起笔，共同记录一下公共素养的点滴吧！

日期 _____   **孩子签名** _____

我的表现很好：

_____

_____

我知道，这样的行为不太好：

_____

_____

爸爸妈妈自我评价

我这样引导孩子的行为：

_____

_____

09

关门时顺便看一看身后

在生活中，我经常会看到这样的现象：前面的人推门而入，后面的人被弹回来的门撞到或夹到手。这种事情看起来虽不是什么大事，但带来的影响不小。所以在这里，我想和大家谈谈关于门的一些事。

在一些欧美国家，孩子们有一项需要掌握的基本礼节：在经过门时，要往门后看一看，如果可以的话，主动为他人扶门。为什么要这样做？原因很简单，为了避免关门时为他人带来不好的影响。

我们知道，一些公共场合装有厚重的大门，比如商场、医院、银行等地方，而且许多门能自动闭合。在关门时，如果大家能看一下身后有没有人，或者顺手扶一下门，那么磕碰、夹伤的事件就可以少发生一些。

其实，这个小小的动作就是一种习惯，但是它可以体现出一个人的风度、素养。让孩子养成"关门时顺便看一看身后"的习惯，不仅可以体现出优良的家庭教养，还能为他人提供方便，何乐而不为呢？

◆ 在经过有门的地方时，一定要注意安全，不要拥挤。

◆ 一些公共场合的大门上会标有"推""拉"的字样，孩子可以根据提示开关门。

◆ 通过公共场合的大门时，要注意看一下身后，如果后面紧跟着其他人，可以顺手扶一下门，把门留给后面的人；如果身后没有人，直接把门轻轻关上就可以了。

◆ 关门时动作要轻，尽量不让门发出很大的声响，更不能摔门。

◆ 如果是进出电梯，在关电梯门前，要先看看门口是否还有人进来，在确定没人进来的时候再按关门按钮。

儿童公共素养成长记录

今天，爸爸妈妈带孩子去了哪些公共场合？在开、关门时，孩子的表现如何？现在，请爸爸妈妈和孩子拿起笔，共同记录一下公共素养的点滴吧！

日期 _____   **孩子签名** _____

我的表现很好：

_____

_____

我知道，这样的行为不太好：

_____

_____

爸爸妈妈自我评价

我这样引导孩子的行为：

_____

_____

_____

10 羞羞的事情要避开公众，比如大小便

在大街上或公园里，我经常会碰见一些父母或老人让孩子随地大小便。在这些父母或长辈看来，孩子小，对于生理上的事情不能像大人一样自主克制，让孩子在需要"方便"的时候"方便"是很正常的事，就像一位妈妈说的："总不能让孩子拉在裤子里吧。"

新闻报道中也谈过此类事件：在××国街头，中国父母让孩子随地大小便……每当看到这种事情"发扬"到国外，我总会替自己的同胞感到羞耻。这种行为真的"正常"吗？我并不这么认为。

父母让孩子在公共场合大小便，孩子是"方便"了，可是这种"方便"却对其他人的出行带来了"不便"，同时也给环卫工人增加了工作负担。更重要的是，孩子正处于一些行为养成的阶段，大人的这种做法会使孩子认为这种行为很正常，从而会养成一种坏习惯。因此，父母要采取合理、正确的方式引导孩子的行为。

一些父母会忽视对孩子自控能力的培养，他们认为孩子还小，没必要学会自控，等孩子大了自然就能自我控制了。其实不然，小孩子也是有自控能力的，只是在这方面父母要对孩子加以引导。

公共厕所

←男厕　　　女厕→

- ◆ 告诉孩子在公开场合，有一些事是不能做的，比如大小便、换衣服等。
- ◆ 在公众场合，如果孩子想要方便，爸爸妈妈应该带孩子去公共厕所。
- ◆ 在公共场合给孩子换衣服时，爸爸妈妈可以带孩子去试衣间或更衣室。
- ◆ 如果孩子还小，在外出时，爸爸妈妈可以给孩子穿上纸尿裤，提前做好防备。
- ◆ 引导孩子慢慢学会控制自己的能力，对于孩子一些不好的行为要果断地说"不可以"。
- ◆ 当孩子在公共场合想上厕所、附近又没有厕所时，父母可以让孩子先忍一忍，然后和孩子一起去找厕所。在此过程中，父母可以给孩子说些其他有趣的事，或是让孩子看一下周围的风景，转移一下孩子的注意力。

儿童公共素养成长记录

今天，爸爸妈妈带孩子去了哪些公共场合？当孩子感觉很"急"时，爸爸妈妈是如何帮孩子解决的？现在，请爸爸妈妈和孩子拿起笔，共同记录一下公共素养的点滴吧！

日期 _____   **孩子签名** _____

我的表现很好：

_____

_____

我知道，这样的行为不太好：

_____

_____

爸爸妈妈自我评价

我这样引导孩子的行为：

_____

_____

Lesson 2
在众人面前做到这些，
让孩子走到哪儿都受欢迎

11 做客、聚会时，别总是玩手机

一位朋友向我发牢骚时，说过这么一件事：

她带着自己的宝贝儿子去一位朋友家做客，没想到儿子去了之后只顾低头玩手机，对于朋友的热情全然不理。她提醒儿子放下手机，谁知儿子竟然装作没听见继续玩。由于是在别人家，我这位朋友虽然很生气，但又碍于情面不能发作，感觉很尴尬！

在生活中，不仅仅是孩子，我们大人在一些公共场合，也经常会玩手机。有人调侃说：现代人在聚会或聚餐时，除了吃东西就是玩手机。这种说法虽然有些夸张，却也道出了一些现实。人们玩手机的时间越来越长，而人与人之间的交流沟通却越来越少了。

我们之所以去做客或参加聚会，就是为了和亲朋好友联络感情，如果去后大家各自沉浸在手机的世界里，这种行为对主人或其他人来说是很不尊重的。所以，要想使孩子在众人面前表现得体，父母就要先改掉自己爱玩手机的习惯，这样才能更好地引导孩子的行为。

◆ 告诉孩子为什么要去做客或参加聚会，让孩子
   明白参加这些活动的意义。

一般来说，只要父母对孩子说明去做客或参加聚会的意义后，孩子的表现都不会太差。

许多家长在带孩子去参加一些活动时，对孩子的要求是只要乖、别调皮捣乱就行。其实，这样的要求对孩子来说没有什么意义。要知道，口头的硬性规定通常没有实际的行为指导更有效。

◆ 爸爸妈妈带孩子去做客或参加聚会时，可以让孩子与他人聊天。
◆ 如果有其他孩子在场，可以让自己的孩子和其他孩子一起玩一
   些简单的游戏。
◆ 大人们可以和孩子们一起玩，例如和孩子们表演小节目，这样
   既能增加欢快的气氛，还可以培养孩子的交际能力。

◆ 外出时，爸爸妈妈可以带上孩子喜爱的玩具，
   尽量避免让孩子依赖手机。

儿童公共素养成长记录

今天，爸爸妈妈带孩子去做客或参加聚会时，孩子的表现如何？现在，请爸爸妈妈和孩子拿起笔，共同记录一下行为素养的点滴吧！

日期 _____　　**孩子签名** _____

我的表现很好：

_____

_____

我知道，这样的行为不太好：

_____

_____

爸爸妈妈自我评价

我这样引导孩子的行为：

_____

_____

12 不在他人面前说悄悄话

在生活中，说悄悄话是一种较为亲密的互动行为。通常人们在说一些私密话或不想让其他人听到时会说悄悄话。但是，有时候这样做就不合适了。

在公共汽车上，你自我感觉不错，然而站在你旁边的两个人时不时会看你一眼，并小声地议论着什么，在议论的同时偶尔还会笑出声来。

这时，你还会自我感觉良好吗？你会不会心里犯嘀咕或是感觉不自在呢？

在一些公共场合，尤其是有许多熟人在场时，如果你与某个人说悄悄话，这对他人来说不仅是一种不礼貌的行为，而且还容易引起不必要的误会。

有时候，在客人面前，孩子和父母说悄悄话也是一种不合适的行为。有些父母可能会觉得，孩子这样做是一种童心的表现，但这种"童心"要分场合表现。那么，什么样的情况下要避免说悄悄话呢？

◆ 在小伙伴面前，将第三个人排除在外，这种情况下说悄悄话，会让第三人心里产生不悦。

◆ 在一些公共场合，一边对某个人指指点点，一边和身边的人说悄悄话，这种行为既不礼貌，而且还容易引起不必要的误会。

在日常生活中，父母要及时给予孩子正确的引导。

◆ 告诉孩子，平时说话保持正常的音量就可以，没必要大声说出来让别人都听见，也不用悄悄耳语。

◆ 如果是一些安静的场合，像图书馆、博物馆等，说话时把声音降低一些，不影响到他人就可以。

◆ 如果孩子因为害羞而习惯说悄悄话，这就需要父母找机会锻炼孩子的表达能力，多鼓励孩子大大方方地说话。

儿童公共素养成长记录

在客人面前时，爸爸妈妈会和孩子说悄悄话吗？在一些公共场合，孩子是否当对他人指指点点？现在，请爸爸妈妈和孩子拿起笔，共同记录一下公共素养的点滴吧！

日期 _____　　孩子签名 _____

我的表现很好：

_____

_____

我知道，这样的行为不太好：

_____

_____

爸爸妈妈自我评价

我这样引导孩子的行为：

_____

_____

_____

别太沉默，
也不要喋喋不休

我的好朋友小胡是一个 5 岁孩子的母亲，对于儿子斌斌的言谈问题，她一向都很头疼。

用小胡的话说，斌斌在家里简直就是个"话痨"，不管大人在说什么，他都得插进来说几句，有时候说起来还没完没了。可是每当小胡带着斌斌去朋友家做客，斌斌的表现却一百八十度大转弯，一言不发……

你的孩子有没有和斌斌类似的情况呢？

其实，孩子有说话的欲望不是坏事，说话不仅可以锻炼孩子组织语言的能力，而且也有利于孩子养成开朗的性格。但说话要分场合，既不能太过沉默，也不能喋喋不休，这样的孩子才会给人留下好印象。

对于不同性格的孩子，父母要分情况对待：

◆ 如果孩子内向、不爱说话，父母在平时要与孩子多交流沟通，选择一些孩子喜欢的话题，给孩子创造一些互动的机会，激发孩子的交谈兴趣。

◆ 如果孩子外向、爱说话，父母应该告诉孩子，在一些特殊的场合要保持安静，比如图书馆、展览馆等，让孩子学会自我克制。

◆ 如果孩子在家爱说话，一出家门就沉默寡言，说明孩子可能存在一定的社交障碍。这时，父母就要带孩子多参加一些集体活动，比如团体旅行、朋友聚会等，锻炼孩子和外人的沟通胆量。

无论孩子属于哪种类型，只要父母要抓住孩子的特点，并加以正确引导，孩子就有可能成为一个在众人面前说话得体、受人欢迎的小绅士或小淑女！

◆ 大人们在谈论事情或通电话时，孩子不要随便插嘴。

◆ 在陌生人面前，让孩子做一个认真的听众，不要说太多话（这样还能让孩子提高警惕，避免落入坏人的圈套）。

在一些西方国家，一个孩子若想加入他人的交谈中，通常会先说"Excuse me"，示意自己有话想说，征得他人同意后再加入谈话。我们的父母可以借鉴这种方式，教孩子学会说"对不起，打扰了"，这样能让孩子更容易融入到集体中去。

儿童公共素养成长记录

观察一下孩子，他属于那种性格？在与他人交谈时，孩子的表现如何？现在，请爸爸妈妈和孩子拿起笔，共同记录一下公共素养的点滴吧！

日期 _____   **孩子签名** _____

我的表现很好：

_____

_____

我知道，这样的行为不太好：

_____

_____

爸爸妈妈自我评价

我这样引导孩子的行为：

_____

_____

14　有时候，
聆听比发言更重要

　　当他人正在发言时，你能够静静地聆听，这首先是对发言者的一种尊重。你做到了尊重他人，自然他人也会尊重你。如果在这些静静地聆听者中有一位孩子，相信发言者和其他聆听者都会觉得，这个孩子真懂事、真有涵养，进而对这个孩子好感倍增。

　　我见过不少父母，他们总喜欢让自己的孩子在众人面前表现，看着孩子夸夸其谈的样子，父母会觉得很有面子。但是，在他人看来，这是一种不得体的行为，不仅不会对孩子的表现大加赞赏，反而还会产生厌烦之感。

　　聆听是一种素养，更是一种智慧。不管是一无所知的小孩子，还是无所不知的大人物，都应该学会聆听。要知道，有时候，聆听比发言更重要。

　　对于孩子来说，可能不知道聆听有什么意义，父母若是能告诉孩子其中的原因，相信孩子会养成聆听的好习惯。

◆ 聆听是一种学习机会，从他人的语言中，我们可能会听到一些有趣的事情，或者得到一些知识或方法。

◆ 认真听他人说话，可以让自己更受欢迎。

那么，具体说来，父母应该怎样指导孩子学会聆听呢？

聆 听

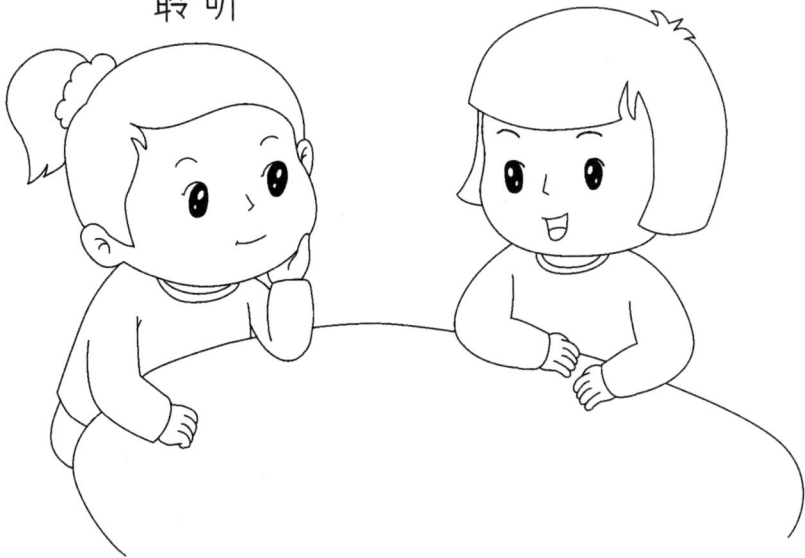

◆ 告诉孩子，在别人说话时，自己要闭上嘴巴，尽量不要插话。

◆ 美国父母在教育孩子时，一般都会告诉孩子不能打断大人的谈话，除非有特殊情况。

◆ 聆听他人说话时，要看着对方的眼睛，不要东张西望、心不在焉。

◆ 除了眼神上的交流，在动作神态上也可以根据发言者的内容做出适当的反应，让对方觉得你在认真聆听。比如，在表示同意的时候，可以点头。

儿童公共素养成长记录

孩子能够耐心聆听他人讲话吗？现在，请爸爸妈妈和孩子拿起笔，共同记录一下公共素养的点滴吧！

日期 _____   孩子签名 _____

我的表现很好：

_____

_____

我知道，这样的行为不太好：

_____

_____

爸爸妈妈自我评价

我这样引导孩子的行为：

_____

_____

_____

15 边吃边说有些失礼

在许多人看来，一边吃饭一边说话很正常。其实，这是一种不好的习惯，而且也是一种不礼貌的表现。试想，如果你碰到下面的情形会有何感受？

面对美味的饭菜，大家都吃得津津有味，这时坐在你旁边的某个人说到了兴奋处，嘴里的饭菜都喷了出来，这时，你还有继续品尝美食的欲望吗？

很多时候，人们常把餐桌当成交谈的好时机：做生意谈合作，好友聚会……在餐厅里，我曾见过非常离谱的情形，有些人在餐桌上一边大快朵颐，一边高谈阔论，说到激动处还会拍桌而起，那场面就像吵架一样，全然不顾周围人是否受到影响。

当然，并不是说吃饭时不能说话，我想提醒大家的是，请注意一下餐桌礼仪，尽量避免热烈的交谈。尤其对于孩子来说，各种行为习惯正处于养成阶段，因此，父母若要让孩子养成良好的餐桌礼仪，就要用正确的方法来引导孩子的行为。

◆ 告诉孩子，嘴里含着食物的时候不要说话。如果有话要说，先把嘴里的食物咽下去。

◆ 吃东西时尽量避免哈哈大笑、大喊大叫，这样不仅不雅观，还容易呛食或误吞一些不该吃的东西，比如鱼刺、鱼骨等，从而出现危险。

◆ 在众人面前吃饭时，不要冲着他人的脸或食物说话，这是一种不得体的行为。

◆ 吃饭时，可以对美味的食物表示赞赏，但是不要喋喋不休。

儿童公共素养成长记录

吃饭时，爸爸妈妈会和孩子谈笑吗？孩子的表现如何？现在，请爸爸妈妈和孩子拿起笔，共同记录一下公共素养的点滴吧！

日期 _____   孩子签名 _____

我的表现很好：

_____

_____

我知道，这样的行为不太好：

_____

_____

爸爸妈妈自我评价

我这样引导孩子的行为：

_____

_____

_____

16 指指点点不是好习惯

　　有一次，我在朋友家聚会看到这样一幕：朋友带去的几个小孩子在一起搭积木，其中的一个男孩一直坐在旁边对其他人指手画脚，一会儿说这样不行，一会儿又说那儿搭得不对，但他自己却始终没有动手去做。最后其他孩子都生气地走开了。

这个男孩的行为也许是好意，可是，他这种指指点点的做法实在是有失礼貌。在日常生活中，我们经常会看见类似的情况。不仅如此，在工作中和学习中，也总有那么一类人，爱对别人指手画脚，仿佛别人做什么都不对似的，这样的人通常不会受到大家欢迎。

此外，还有一种行为也特别失礼，那就是用手指直指他人。平时，孩子喜欢什么、不喜欢什么，常会向父母指出来，但是在与他人交往时，若总是对他人指指点点，那就很容易招致别人厌烦。

无论是语言上的指手画脚，还是行为上的指指点点，都是不礼貌的举动。许多时候，一个小小的言行举止，就可以看出孩子是否具有良好的家教。虽然人们常说"孩子年纪小，无妨"，但真的无妨吗？说白了，这其实就是个习惯问题，而一旦孩子养成不好的习惯，那以后改起来就很困难了。

◆ 告诉孩子，如果对别人的做法有不同意见或建议时，可以委婉地告诉对方，可以说："那样做会不会更好？"

◆ 不要对别人的外表指指点点、加以评论。在一些西方国家，评论他人的外表是非常不礼貌的行为。

◆ 无论是什么原因，都不能取笑他人。美国父母在教育孩子时，常会强调这一点，在美国人看来，取笑他人是软弱的表现。

◆ 对于大家正在做的集体活动，如果自己有不同的看法，可以先征求大家的意见，得到允许后，大家一起来做。

儿童公共素养成长记录

在参加集体活动，或者与他人相处时，孩子的表现如何？现在，请爸爸妈妈和孩子拿起笔，共同记录一下公共素养的点滴吧！

日 期 _____   孩子签名 _____

我的表现很好：

_____

_____

我知道，这样的行为不太好：

_____

_____

爸爸妈妈自我评价

我这样引导孩子的行为：

_____

_____

_____

17 停，不要再抖腿了

有一次，我在公园里的长椅上坐下来想着理一理纷乱的思绪。可是，刚坐下一会儿，椅子开始晃起来了，由于我当时闭着眼睛，所以在感到椅子晃动时还以为是地震了呢。结果睁眼一看才发现，原来是一个小伙子和我坐在同一张长椅上，正在一边玩手机一边抖腿……

在生活中，许多人都有抖腿的习惯。如果不是因为疾病的缘故，那么不得不说，抖腿真的不是什么好习惯。在众人面前抖腿，不仅会让人对你的印象大打折扣，而且也会给他人带来影响。

《弟子规》中有一句话：勿践阈，勿跛倚，勿箕踞，勿摇髀。这句话就是提醒大家在生活中要保持一个良好的形象，站有站姿、坐有坐相。"勿摇髀"的意思就是不可摇动大腿。

其实，不断抖腿的行为是一个人自控能力差的表现。不管是有意识还是无意识，如果无法控制自己的行为，那么这样的人只会给人们留下不成熟的印象。若是父母都克制不了的行为，那么又如何要求孩子做到行为得体呢？

孩子爱抖腿，除了生理方面的原因外，多是受其他人的影响养成的习惯。由于孩子正处于习惯养成的阶段，模仿能力又很强，所以父母在这方面要特别注意，如果发现孩子有抖腿的习惯，要及时对孩子的行为加以引导改正。

◆ 告诉孩子，抖腿是一种不雅的行为，无论站立还是坐下，都不要随便抖动或晃动双腿。

◆ 抖腿会影响到身边的人，让身边的人感觉不舒服。在公共场合，做任何事时都要考虑到别人的感受，如果影响到别人了，应马上停止这种行为。

儿童公共素养成长记录

观察一下孩子，你发现孩子有哪些不好的行为习惯？现在，请爸爸妈妈和孩子拿起笔，共同记录一下公共素养的点滴吧！

日期 _____   孩子签名 _____

我的表现很好：

_____

_____

我知道，这样的行为不太好：

_____

_____

爸爸妈妈自我评价

我这样引导孩子的行为：

_____

_____

_____

18 别在众人面前下蹲，尤其是女孩子

　　我在参加一次户外晚宴时，遇到了这样一件事，当时大家都站着聊天，一位男士端着酒杯突然蹲下了，起初我们以为他身体不适，结果他说只是有点累，蹲着说话更轻松些。就这样，我们站着，他蹲着，聊天的氛围变得十分尴尬，他却不以为然。

　　不得不说，在众人面前下蹲是一种不雅观的行为，尤其是女孩子。在穿着裙子、短裤时，小女孩下蹲很容易"走光"。许多成年人常常会忽略这一点，孩子们自然也不例外。当然，并不是说蹲下是一种不合理的行为，而是有些大众场合不适宜做这种动作。

> ◆ 当众人都坐着或站着时，一个人突然蹲下就显得不礼貌。
> ◆ 在一些正式的场合中最好不要蹲或坐在地上，比如宴会上、礼堂内等。

　　平时，父母应该适时纠正、引导孩子的行为，帮助孩子养成得体的行为习惯。

◆ 告诉孩子,和他人谈话时尽量在一个水平面上,可以站着或坐下,不要独自蹲下。

◆ 在捡东西时,可以先走到东西的旁边,右脚向后退半步后再蹲下来,捡起物品后快速起身,避免弯腰翘臀的姿势。

◆ 系鞋带时,可以坐下系;如果没有能坐的地方,要完全蹲下来系,最好不要踩在其他物体上,翘着屁股系鞋带。

◆ 女孩子在场的情况下,男孩不要蹲在地上。

◆ 女孩子穿着裙子、短裤时,要注意保护自己的隐私部位,蹲下时要双腿并拢。

儿童公共素养成长记录

爸爸妈妈带孩子去一些热闹的公共场合时，孩子的行为举止是否得体？现在，请爸爸妈妈和孩子拿起笔，共同记录一下公共素养的点滴吧！

日期 _____   **孩子签名** _____

我的表现很好：

_____

_____

我知道，这样的行为不太好：

_____

_____

爸爸妈妈自我评价

我这样引导孩子的行为：

_____

_____

_____

19 无论做什么都不作弊

有一次，我在小区的一个石桌旁看见几个孩子在吵架，过去一问才知道，他们几个在下棋，其中一个小男孩老是悔棋，其他几个小伙伴不让他这么做，于是几个人就吵了起来。

孩子们在一起玩，吵吵闹闹是很平常的事，没有什么大惊小怪的。然而这却让我不由得想到了一些原则性问题。

在生活中，我们每个人都需要遵守一些规定和秩序，比如，过马路时遵守"红灯停、绿灯行"的交通秩序；在公共场合不能随地吐痰、乱扔垃圾；参加竞赛要自觉遵守比赛规则；等等。如果有人违规、耍赖，就好比考试的时候作弊，这样不仅会给他人留下不好的印象，还会给自己和他人带来许多不必要的麻烦。

在家里，爸爸妈妈一般会尽量满足孩子的需求，但当孩子走出家门，谁会心甘情愿地总是迁就他呢？一旦融入集体，孩子就要学会适应规则，自觉遵守相关的规定和秩序。若是为了投机取巧而作弊、故意破坏规则，那么其他人是不会答应的。

因此，平时父母在对孩子的教育中，首先应该把孩子当成平等的个体来对待，告诉孩子什么是规则，为什么要遵守规则。

◆ 生活中有许多规则，例如交通规则、校园规则、比赛规则等，国家法律也是一种规则。

◆ 这些规则有助于约束一些不好的行为，让我们的社会变得更和谐。

◆ 规则可以帮助我们判别事物，让我们学会公平、公正。

"无规矩不成方圆"，无论在生活、工作，还是学习中，我们都离不开规则。父母应该让孩子从小树立规则意识，这不仅是公共素养的一部分，而且对孩子今后的成长有至关重要的意义。

◆ 在公共场合，要自觉遵守公共秩序，比如交通规则。

◆ 在考试或参加竞赛时，不要作弊。这需要爸爸妈妈正确看待考试或竞赛，最好不要用分数来给孩子制造压力，以免导致孩子出现作弊行为。

◆ 做游戏时，应该遵守游戏规则，不要耍赖。

　　另外，不作弊，也就意味着要讲信用。《弟子规》中有一整节说的都是"信"。"凡出言，信为先，诈与妄，奚可焉。说话多，不如少，惟其是，勿佞巧。"许多欧美国家的儿童做一些事之前，也都会考虑一下自己能不能做到，尤其是在答应别人的请求之前，如果做不到，就不会轻易答应，以免给他人留下不讲信用的印象。这与《弟子规》中的箴言有异曲同工的意思。父母在教育孩子时，不能忽略了这些。

儿童公共素养成长记录

在生活中，孩子需要学会接受与适应的规则都有哪些？现在，请爸爸妈妈和孩子拿起笔，共同记录一下公共素养的点滴吧！

日期 _____   孩子签名 _____

我的表现很好：

_____

_____

我知道，这样的行为不太好：

_____

_____

爸爸妈妈自我评价

我这样引导孩子的行为：

_____

_____

_____

20 收到不喜欢的礼物

有一次，我去朋友家做客，恰逢朋友的小女儿琪琪过生日。小姑娘收到许多礼物，非常高兴，一直在不停地感谢大家。等宾客离去后，我看到琪琪把头上的一只红色卡子摘了下来，我问她："这只卡子好漂亮，是谁送给你的？"小姑娘皱了皱眉头，认真地对我说："阿姨，我偷偷告诉您一件事，您可别告诉其他人。"原来，她并不喜欢这个礼物，但是为了感谢小伙伴，她还是愉快地收下了，并且把它戴在了头上。

当你收到别人送的礼物时，你会开心吗？如果你不喜欢这个礼物，你会怎么做呢？不得不说，琪琪的做法就非常棒，虽然自己心里不喜欢，但依旧对他人表示感谢。这是待人接物必备的素养之一，可以体现出一个孩子的风度。

在国外，许多父母这样教导自己的孩子：无论收到什么样的礼物，都要衷心地向对方说"谢谢"。有时候，一些父母还会鼓励孩子们亲自给对方写感谢卡。我曾经问过一位美国朋友，为什么不让孩子用电子邮件回谢对方，这样不是更省事吗？美国朋友告诉我，手写的卡片更能体现出一个人的诚意，他希望自己的孩子能切实地体会到，感谢对方是一件很重要的事情，要认真对待。

我们的父母在指导孩子待人接物时，也应该重视这一点。

◆ 告诉孩子，不管收到的礼物喜不喜欢，都要对送礼物的人说"谢谢"。

◆ 接受他人的礼物时，应该双手接过，把礼物放在合适的地方，不要乱扔。

◆ 拆礼物前，可以征求一下对方的意见："我现在能把它打开吗？"得到对方同意后再拆礼物，这是对他人的尊重。

◆ 不要当着客人的面评价礼物好坏，当然，好评除外。

儿童公共素养成长记录

收到不喜欢的礼物时，孩子的表现如何？现在，请爸爸妈妈和孩子拿起笔，共同记录一下公共素养的点滴吧！

日期 _____   孩子签名 _____

我的表现很好：

_____

_____

我知道，这样的行为不太好：

_____

_____

爸爸妈妈自我评价

我这样引导孩子的行为：

_____

_____

孩子有个好形象——
怎么吃、怎么穿、怎么做，
"礼"遇好习惯

Part 2

"仓廪实而知礼节，衣食足而知荣辱"，相信能买得起这本书的父母，绝对有能力让孩子过得衣食无忧。那么，在"衣食足"的情况下，我们更没有理由去忽略礼节与荣辱。让孩子做到吃穿得体、举止文明，其实并不难，关键在于父母的正确引导。

吃饭、穿衣有讲究，
让孩子干净又有礼貌

21 再饿、再好吃都要细嚼慢咽

平时，每当看到孩子狼吞虎咽地吃东西时，一些父母会认为这是孩子吃得好、吃得香的表现，不仅不会纠正孩子的行为，反而鼓励他们这样做。其实，这种吃法既不得体，又会增加肠胃负担，给他们的身体造成伤害。

我们知道，大多数孩子都活泼好动，能量消耗大，很容易产生饥饿感。如果在非常饿的时候吃东西，就容易出现狼吞虎咽的情况。另外，大多数孩子都爱吃美食，面对自己喜爱的食物，许多孩子也会不顾形象地大吃。

在餐桌上，父母应该教育孩子吃东西时要细嚼慢咽，这样不仅有助于肠胃的消化吸收，而且对口腔也有好处，所以，无论是在特别饥饿的时候，还是面对美味的食物时，都不要狼吞虎咽，而是应该细嚼慢咽。

因此，无论是在家里吃饭，还是在外面就餐，父母都要提醒孩子注意自己的吃相。

狼吞虎咽

- ◆ 父母在吃饭时做到细嚼慢咽，孩子耳濡目染自然也就会做到。
- ◆ 告诉孩子应该注意餐桌礼仪，夹菜的时候不要一次夹太多，否则既不得体，也容易使自己一次吃得太多。
- ◆ 一次往嘴里送入少量饭菜，然后闭上嘴巴慢慢咀嚼。
- ◆ 吃饭时，可以把餐巾纸放手边或膝盖上，这样需要的时候用起来比较方便。

西餐礼仪中习惯把餐巾纸放在膝盖上，这样既方便擦拭嘴巴，又能防止食物残渣和汤汁粘到衣服上。

- ◆ 吃饭时不能发出声音。喝汤时，等到温度适宜时再喝，不能因为太烫而发出吸溜声，也不能等凉了大口喝时发出"咕咚"声。

儿童公共素养成长记录

　　吃饭的时候，孩子的表现如何？现在，请爸爸妈妈和孩子拿起笔，共同记录一下公共素养的点滴吧！

日期 _____　　**孩子签名** _____

我的表现很好：

_____

_____

我知道，这样的行为不太好：

_____

_____

爸爸妈妈自我评价

我这样引导孩子的行为：

_____

_____

_____

22 别在餐桌上敲敲打打

有一次，我和几个朋友在一家餐厅吃饭时，附近餐桌上有一个孩子一直在演奏"碗筷交响曲"，叮叮当当的声音一直在扰乱我们的谈话，也引起了周围许多客人的不满，可是那位孩子的爸爸却丝毫没有制止孩子的意思……

在开饭前，为了打发无聊的时间，有些人会不由自主地用筷子敲打餐具，尤其是一些小孩子，肚子饿了，为了催促家人或服务员上饭便会敲打碗筷。其实，这种行为十分不礼貌。

另外，不只是在公众场合，即使在家里，也要避免在餐桌上敲敲打打。如果孩子没注意到这一点，父母应该及时提醒他们。

- ◆ 告诉孩子在餐桌上敲敲打打是一种不礼貌的行为，应该避免这样做。
- ◆ 告诉孩子在餐桌上用筷子敲打碗筷，既影响他人的情绪，使人心烦意乱，又会使人的食欲减退。
- ◆ 在餐厅等公共场合，敲打的声音会打断他人的谈话，给他人造成不良的影响。
- ◆ 如果敲打的力度过大，可能会使餐具出现裂痕或缺口，容易伤到使用它们的人。

因此，不管是在何种场合，大家都不应该在餐桌上敲敲打打，父母在这方面也要正确地引导孩子。

叮叮当当

◆ 告诉孩子，餐具是吃饭时必不可少的工具，不能用来敲打。

在美国等西方国家，父母通常会告诉孩子如何正确地使用餐具。孩子如果不确定如何使用餐具，也可以主动向父母请教，或是观察大人是如何使用。

◆ 告诉孩子如果是去别人家做客或在餐厅吃饭，可以在上菜前把餐具打开摆放好，然后耐心等待。

◆ 如果是在家里吃饭，可以帮家人把餐具都摆放好，然后坐下来耐心等待，也可以帮助家人准备其他的餐桌用品，比如，餐巾纸、牙签等。

◆ 无论在哪里吃饭，期间都尽量避免餐具碰撞发出声音。

◆ 在餐厅吃饭时，如果需要添加东西或需要其他服务，可以直接礼貌地招呼服务员并把需求告诉他，切忌直接敲打餐具来引起注意。

儿童公共素养成长记录

在餐桌上，观察一下孩子的行为礼仪，看看孩子有哪些行为不得体。请爸爸妈妈和孩子拿起笔，共同记录一下行为素养的点滴吧！

日期 _____   **孩子签名** _____

我的表现很好：

_____

_____

我知道，这样的行为不太好：

_____

_____

爸爸妈妈自我评价

我这样引导孩子的行为：

_____

_____

23 在餐桌上不要俯身够食物

吃饭时，如果自己特别喜欢吃的饭菜，距离自己较远时你会怎么做呢？

在生活中，我见过不少孩子会这样做：站起身，伸直胳膊，放低身体，探着身子去夹菜。有些父母也是如此，为了给孩子夹菜，不顾自己的形象，也不考虑是否会影响他人，直接站起身来，伸直胳膊就从远处夹。

西餐礼仪中，人们用餐时，是不允许伸出手去拿桌上的东西的，如果有需要，只能请附近的人将东西传给自己。在餐桌上俯身够食物，是非常不礼貌的行为。

我们在餐桌上吃饭，应该讲究餐桌礼仪。一个行为得体的人，不仅在吃食物时应细嚼慢咽，不在餐桌上敲敲打打，而且也不会俯身去够离自己远的食物。同样，一个礼貌得体的孩子，在吃饭时也应做到以上几点。

孩子的年龄小，有时很难意识到自己的某些行为不当。这时，父母就应该正确地引导孩子。

◆ 父母给孩子做好示范，不在餐桌上俯身够食物。

◆ 告诉孩子，在餐桌上俯身够食物，是一种不礼貌和不得体的表现。这样的行为是不受欢迎的。

◆ 如果在自己家里吃饭，喜欢的饭菜距离自己较远时，也礼貌地让家人帮自己夹。比如，"妈妈，我想吃茄子，你帮我夹一些吧。谢谢妈妈！"

◆ 如果在外面吃饭，餐桌上通常有转盘，每个人最好先吃自己面前的食物，每隔几分钟转动一下转盘，当自己特别喜欢的食物转到面前时再去夹。如果自己想转动转盘，要等到其他人都没有在夹菜时再转动。

◆ 如果餐桌上没有转盘，喜欢的饭菜距离自己又远，这时，可以礼貌地告诉父母或身边的人，让其代夹。比如，"阿姨，我想吃那个菜，可是我够不着，您能帮我夹一些吗？谢谢！"

儿童公共素养成长记录

和大家一起吃饭时，孩子的表现如何？请爸爸妈妈和孩子拿起笔，共同记录一下行为素养的点滴吧！

日期 _____   孩子签名 _____

我的表现很好：

_____

_____

我知道，这样的行为不太好：

_____

_____

爸爸妈妈自我评价

我这样引导孩子的行为：

_____

_____

_____

24 吃饭期间避免去洗手间

我在参加一次家庭聚会时，遇到了这种情况：

大家正在津津有味地享受着美食，谈论着感兴趣的话题。这时，一个朋友的孩子突然说自己要去上厕所，顿时很多人的食欲大减……参加这次聚会的有好几个家庭，带孩子的也不少，我注意到其他孩子的父母在用餐前都督促孩子去洗手间方便，不要在吃饭中途去，唯独这个朋友没有这么做。当时，我还以为他的孩子要比其他家庭的独立，不需要家长督促。可是，没有想到是这种情况。

在比较在乎礼仪的人看来，吃饭期间上厕所是一种十分不礼貌的行为。

当然，去洗手间不是只有一个目的，也可能是去洗手、整理衣服等。但是无论什么原因，在吃饭期间去洗手间都会给人留下一种不好的印象，而且很有可能影响他人的食欲。另外，从健康角度来看，吃饭期间去洗手间会增大沾染病菌的可能性。为了避免这种情况的出现，在吃饭之前，先上好厕所。

◆ 在吃饭前，父母可以先带孩子去洗手间方便一下，并洗干净双手。

去厕所

如果在吃饭期间出现一些突发情况，需要去洗手间，那么一定不要影响他人。

◆ 告诉孩子，如果因特殊需要去洗手间，比如突然肚子痛，可以
小声地告诉爸爸妈妈。

◆ 吃饭时，不要在餐桌上谈论不雅的话题。

儿童公共素养成长记录

在吃饭前，爸爸妈妈会带孩子先去洗手间吗？请爸爸妈妈和孩子拿起笔，共同记录一下行为素养的点滴吧！

日期 _____   **孩子签名** _____

我的表现很好：

_____

_____

我知道，这样的行为不太好：

_____

_____

爸爸妈妈自我评价

我这样引导孩子的行为：

_____

_____

25 可以吃得很高级，但一定不要浪费

一个周末，我带着6岁的外甥女去饭店吃饭。这家饭店的档次比较高，饭菜十分可口。外甥女很喜欢这里的饭菜，一直吃得津津有味。我们吃到最后，还有一份菜剩下一小部分，我认为剩的不多，没有必要打包带走，所以结完账便准备起身离开。就在这时，外甥女有些为难地说道："老师说'要吃光盘里的食物'，可那个还没有吃完，怎么办……"因为这份菜确实没剩多少，通常成年人都会直接结账离开，可是在孩子眼里这就是浪费了。所以，我表扬了她的做法，毫不犹豫地选择了打包。

坦白说，这件事对我的触动很大。中国孩子从小就会背诵"谁知盘中餐，粒粒皆辛苦"，但在实际生活中，真正做到不浪费粮食的人并不多。

的确，如今我们的生活水平提高了，平时吃的比以前好了，父母带着孩子去饭店吃饭也是常事。可是，如果父母平时吃饭时不注意，就会将浪费的坏习惯传染给了孩子。

另外，人们在自助餐厅吃饭时，浪费的情况更是常见，往往一大盘食物还没有吃完，便又迫不及待地去盛新食物，最后走时留下的食物全都浪费了。

每个人都应该珍惜粮食，父母作为孩子的老师，更应该为其树立榜样，正确地引导孩子的行为。

◆ 告诉孩子不能浪费食物。

◆ 在家里吃饭的时候，父母应该培养孩子不剩饭的好习惯，告诉孩子吃多少，就让父母在碗里盛放多少。如果盛多了，应该提前告诉父母吃不完；这样父母可以将多出的部分盛出来。

◆ 在饭店吃饭时，应该根据人数多少和每个人的饭量来定点餐，一般按一人一菜的量来定就足够了。如果饭菜剩下了，可以请服务员打包带回家。

◆ 如果吃自助餐，应该拿自己喜欢吃的食物，而且，每种食物拿一块或两块就可以，吃完以后可以重新去拿。不能一次拿太多，最后吃不完造成浪费。

儿童公共素养成长记录

外出就餐时，孩子的表现如何？请爸爸妈妈和孩子拿起笔，共同记录一下行为素养的点滴吧！

日期 _____   孩子签名 _____

我的表现很好：

_____

_____

我知道，这样的行为不太好：

_____

_____

爸爸妈妈自我评价

我这样引导孩子的行为：

_____

_____

_____

26　让衣物保持整洁，尤其是领口、袖口

有些父母总是给孩子买各种名牌服装，可是对衣服的整洁问题却从不关心。试想一下：

有两个同样可爱的孩子，其中一个孩子总是穿着名牌，但是，他的衣服上时常斑斑点点、脏兮兮的，而且满是褶皱……而另外一个孩子，虽然穿着普通，但是衣服总是干干净净，整个人也很清爽，那么哪个孩子更受欢迎？

我相信很多人都更喜欢后面说的这个孩子吧。我想，你和我的看法应该一致吧？

爱美之心，人皆有之。父母喜欢装扮自己的孩子，让孩子看起来更漂亮，这很正常。但《弟子规》中教导我们衣物要"勿乱堆，置污秽"，又说"衣贵洁，不贵华"。每个人都喜欢干净整洁的孩子，当然，这样的孩子也会受欢迎，大家都愿意和这样的孩子做朋友。除此之外，保持干净整洁，养成讲卫生的好习惯，也能让孩子减少疾病的发生，使他的身体更加健康。

◆ 应该让孩子养成干净整洁的好习惯。及时提醒孩子换洗衣服，
  洗衣服时尤其要重点搓洗领口和袖口等容易脏的部位。

◆ 告诉孩子在整理干净的衣物时，应该先将其叠放整齐，然后再
  放到衣柜里；或者是把衣服挂到衣架上后再挂到衣柜里。总之，
  衣服应该保持平整、干净。

◆ 穿脏的衣服应该及时清洗；如果不能及时清洗，可以叠好放到
  一个专门盛放脏衣服的地方，不能胡乱地塞或藏。

◆ 告诉孩子要定期清洗自己使用的物品、定期打扫自己的房间。
  养成一个讲卫生的好习惯。

儿童公共素养成长记录

平时，爸爸妈妈是否关注孩子的衣物卫生？请爸爸妈妈和孩子拿起笔，共同记录一下形象素养的点滴吧！

日期 _____　　　**孩子签名** _____

我的表现很好：

_____

_____

我知道，这样的行为不太好：

_____

_____

爸爸妈妈自我评价

我这样搭配孩子的着装：

_____

_____

_____

27 让服饰尊重当下的场合

　　在生活中，有时我们会遇到这种现象：在游览名山大川的旅途中，一位时髦女子不畏艰险，踩着高跟鞋攀登高峰；在隆重的晚会上，大家都是西装革履，一位男士却穿着一身运动服四处游走……难道他们不觉得自己的穿衣风格与周围的环境很不搭配吗？

这种服饰和场合不相符的情况，也常出现在一些孩子身上。有些父母为了让自己的孩子像小王子、小公主一样帅气漂亮，便不分场合，随意按照自己的意愿打扮孩子。

一天早上，我出门时遇到了邻居张女士和她的女儿，小女孩身穿可爱的公主裙、脚踩精致的小皮鞋，头上戴着好几个亮晶晶的发饰，十分漂亮。打招呼后，张女士非常自豪地告诉我，今天要陪女儿参加学校组织的亲子运动会，打扮得漂亮些一定会让女儿成为最受瞩目的小公主。可是，我怎么想都觉得，以这样的装束出现在运动场上实在不合适……

其实，无论是大人还是孩子，要根据场合挑选合适的服饰，这样不仅是对在场的人的尊重，而且还会使自己具有良好的精神气质。这正是《弟子规》中说的那句衣服要"上循分，下称家"。父母在为孩子准备衣服时，一定要注意这个问题。

◆ 父母应该为孩子准备一些不同类型的衣服。比如，平时上学，让孩子穿校服；参加运动会，为孩子准备运动装。参加一些聚会时，男孩可以穿小西服，显得精神、正式，女孩可以穿漂亮的公主裙，也可以佩戴可爱的发夹或胸花作为点缀。

◆ 如果参加婚礼，女孩穿红色或粉色等颜色亮丽的衣服或裙子，显得喜庆；男孩可以穿小西装，显得正式。

◆ 如果参加葬礼，无论男孩还是女孩，都应该穿黑色或其他深颜色的衣服，这样会显得庄重、严肃。

◆ 如果是参加音乐会，女孩可以穿比较淑女的裙装，佩戴一些可爱的配饰；男孩穿西装礼服。

◆ 告诉孩子，不能当众脱衣服，如果脱下外套，应该将其挂到衣帽架上，或是叠好放在自己座椅的靠背上。

儿童公共素养成长记录

爸爸妈妈带孩子参加一些特殊场合活动时，孩子的着装如何？请爸爸妈妈和孩子拿起笔，共同记录一下形象素养的点滴吧！

日期 _____ **孩子签名** _____

我的表现很好：

_____

_____

我知道，这样的行为不太好：

_____

_____

爸爸妈妈自我评价

我这样搭配孩子的着装：

_____

_____

_____

孩子的教养，源自父母的修养

28 尽可能穿合身的衣服

　　我每次去给孩子买衣服时，孩子的奶奶就会说："买大些，孩子长得快，不然明年就不能穿了。"相信，在日常生活中，许多父母也遇到过类似的事情。

　　老人的叮嘱我能理解，大点的衣服可以让孩子多穿两年，可是，这种观点真的对吗？一方面，如果衣服不合身，孩子看起来会很没有精神；另一方面，孩子活泼好动，不合身的衣服会给孩子的行动带来不便。

　　穿衣服看似是一件小事，可是如果衣服不合身，就会影响孩子的形象。试想一下，如果你的孩子的着装被衣袖遮住了手，下摆包着屁股，领口大得能露出肩，你又是一种怎样的心情？我们常常看到一些穿着松垮衣服的孩子叛逆、举止粗鲁，除了孩子本身的行为有失礼貌外，不得体的着装也是他们不受欢迎的原因之一。

　　要知道，合身的衣服不仅可以使孩子保持得体的仪容，而且还能提升孩子的自信心。所以，父母在为孩子准备衣服时，尽可能选择大小合适的。我相信，注重孩子仪容的父母们，一定不会为了省一些小钱，而为孩子选择不合身的衣服。当然，父母也没必要为了"面子"刻意用名牌来包装孩子。

◆ 在给孩子买衣服时，最好根据孩子的身高尺码为孩子选择合身的衣服，当然，尺寸可以稍微大一点点，只要不影响孩子的正常活动就可以，但是不要大太多。

◆ 如果买的衣服偏大了，最好修改为合身后再给孩子穿，如果不能修改，可以先放起来，等孩子长大些再穿。

◆ 必要的情况下，可以给小一点的孩子穿哥哥姐姐穿过的衣服，但要注意保证衣服整洁，尽量避免给孩子穿十分破旧的衣服。

儿童公共素养成长记录

在为孩子购买衣服时，爸爸妈妈会怎么做？请爸爸妈妈和孩子拿起笔，共同记录一下形象素养的点滴吧！

日期 _____

孩子签名 _____

我的表现很好：

_____

_____

我知道，这样的行为不太好：

_____

_____

爸爸妈妈自我评价

我这样搭配孩子的着装：

_____

_____

29 女孩别穿得太暴露

在日常生活中，我们经常会看到一些满脸稚气的小女孩打扮得像成人一样，化着浓艳的妆，穿着紧身衣服或小迷你裙。每当此时我都会有个疑问：父母为什么要让孩子穿成这样呢？

现如今，孩子的服装款式越来越多。有许多家长给孩子买衣服时，过于追求时尚，什么流行买什么，也不管这种服装适不适合孩子的年龄。特别是一些女孩的服装，有些设计得太过暴露，根本不适合在公共场合穿。

孩子年龄尚小，对于哪些衣服适合穿、哪些衣服不适合穿，基本上没有什么概念，这时，父母就要对孩子的着装有个正确的定位。选择适合孩子年龄的衣服，不仅是出于仪表的考虑，同时也是出于保护孩子隐私的考虑。在这里，我之所以要特别强调女孩子，是因为如果女孩穿的衣服过于暴露，不仅很容易引起坏人的注意，招来一些不必要的麻烦，而且还会对孩子的身体发育和心理成长产生不利影响。

此外，父母还应该认识到，选择得体的衣服还有助于培养孩子的审美观，对孩子的心智成长起着一定的促进作用。

◆ 不要把孩子成人化当做噱头，父母应该懂得保护孩子，不要被名利牵着鼻子走。

◆ 为孩子准备的衣服应该是适合孩子穿的童装，不给孩子买成人样式的衣服。

◆ 很多喜欢穿暴露的服装的孩子都容易产生拜金、追求物质享受等不良倾向，不利于孩子树立正确的价值观，同时也会影响孩子的性格形成。

◆ 在为孩子挑选衣服时应选择一些得体、大方的衣服，尤其是女孩的衣服。比如，为女孩选短袖时，应该选下摆与下身的裙子或裤子接住的短袖，而不选那些故意露出肚脐的短袖。

◆ 如果是为了参加一些电视节目而穿着过于暴露，我建议父母可以直接拒绝这样的节目，靠暴露孩子的身体来博观众的眼球，这样的节目不上也罢。

◆ 爸爸妈妈要培养孩子保护隐私的意识，告诉孩子哪些部位是不能暴露的、不可以被人随便触摸的，让孩子学会保护自己。

爱美之心，人皆有之。父母想让孩子看起来美美的，这种想法本身没有错，但是我要提醒各位父母的是，在追求美的同时，更要讲求得体。对于那些故意让孩子穿着暴露的父母，我想他们应该认真权衡一下其中的利弊了。

儿童公共素养成长记录

平时，爸爸妈妈如何为女孩子选择衣物？孩子有哪些穿衣习惯？请爸爸妈妈和孩子拿起笔，共同记录一下形象素养的点滴吧！

日期 _____   孩子签名 _____

我的形象很好：

_____

_____

我知道，这样的形象不太好：

_____

_____

爸爸妈妈自我评价

我这样搭配孩子的着装：

_____

_____

_____

30 穿裙子要注意这些细节

夏天，女孩子都喜欢穿裙子，既凉快，又漂亮，一举两得，可是，在穿裙子的时候，还要注意一些细节。

相信每个人都曾见过这样的情形：

大街上，一阵大风吹过，女孩子们的裙子被风刮起，许多女孩顿时花容失色，连连用手压住裙子，可是还是有人会不幸走光，造成尴尬的局面。

在网络上，我们也经常会看到一些穿裙子走光的囧态图片，看过的人大都一笑置之。可是，如果这种状况发生在你身上，你又是何种感想呢？

其实，女孩在穿裙子的时候，如果稍不注意还会出现其他问题。比如，有的偏胖的女孩，穿起紧身裙来就像裹在了身上一样，看起来如同粽子一般，而如果穿的是浅色的裙子，却因为出汗会把裙子阴湿一大片，等等。

因此，为了避免出现尴尬的场面，父母在为孩子挑选裙装的时候，一定要注意一些细节。

◆ 在为孩子买裙子时要选择合适的尺寸。如果孩子偏胖，那就给孩子选择宽松的百褶裙，如果孩子体型正常或偏瘦，除了选择百褶裙外，也可以选择束腰的公主裙。

◆ 孩子穿的裙子长度最好能到膝盖处，太长会使孩子显得不精神，太短了又会显得不得体。

◆ 在选择裙子的颜色和面料时，尽量选择深色的裙子，浅色的裙子不仅容易脏，如果出汗后裙子湿掉的部分会很明显。面料应该选棉质的，这样孩子穿着不仅舒服，而且也透气、吸汗。

同时，为了避免孩子在穿着的过程中出现尴尬，还要让孩子注意一些细节哦。

◆ 为孩子穿上安全裤。不管是刮风还是上下楼梯，穿裙子都存在走光的危险，所以，穿上安全裤，就能避免这些情况的发生。

◆ 教给孩子在坐时，应该先把裙子压平，然后再慢慢地坐下来（最好是2/3的臀部坐在椅子上），不能像穿裤子时那样一下将整个臀部都陷进椅子里，然后再把双腿并拢。

◆ 如果需要下蹲，应该先将双腿靠拢，双手压平裙子的同时，一条腿平蹲，另一条腿尽量向下靠紧。这样不仅可以预防走光，也能展现出很好的仪态。

◆ 如果穿的是半身裙，在需要弯腰时，应该将上衣的下摆往下拽一拽，避免露出上衣与裙子之间腰部。

◆ 如果做奔跑等大幅度的动作，裙摆比较长，应该用手稍微提一下裙摆，这样可以避免因裙摆遮挡住视线而摔倒。如果裙摆比较短，注意奔跑时不要过猛，以避免裙摆随风飘起而走光。

儿童公共素养成长记录

爸爸妈妈通常给孩子选购什么样的裙子？孩子穿裙子时有哪些不方便的地方？请爸爸妈妈和孩子拿起笔，共同记录一下形象素养的点滴吧！

日期 _____   **孩子签名** _____

我的形象很好：

_____

_____

我知道，这样的形象不太好：

_____

_____

爸爸妈妈自我评价

我这样搭配孩子的着装：

_____

_____

31 衣服太花哨会变滑稽，样式简洁的更得体

有一些父母，喜欢给孩子穿印有大面积图案的衣服，比如上面带着热门的动漫角色，或者色彩艳丽的几何图案等。

当然，这样的衣服看起来很漂亮、很可爱，但是有些却过于花哨。如果孩子经常穿这种衣服，很容易使孩子误入崇拜偶像的歧途，同时还可能给人留下着装不稳重的印象。所以，父母在为孩子买衣服时要注意，偶尔穿穿这种衣服没什么大碍，但是，如果太多沉迷于这种花哨的服装，那就可能影响孩子的形象了。

那么，在为孩子选择衣服时，父母需要注意哪些问题呢？

◆ 在为孩子挑选衣服时，尽量选择样式简洁的衣服，比如，运动装、休闲装等。要知道，孩子的衣服合身、得体最重要。

◆ 如果孩子喜欢带图案的衣服，那么可以选择带有小面积图案的衣服，少选图案占大面积的衣服。衣服上有小面积的图案，会使衣服显得亮丽活泼一些，但如果图案面积过大，则会太花哨反而显得乱。

◆ 为男孩挑选衣服时，无论是颜色还是样式，建议选择比较简单的衣服。

◆ 女孩子的衣服虽然样式较多，但也最好选择简洁的款式。如果喜欢有装饰的，可以选择一些在袖口或领口带有简单、小面积装饰的衣服，要知道，图案只是起一个点缀的作用。

◆ 无论男孩还是女孩，父母都要告诉孩子，在家里穿的居家服都不应该穿到外面。

儿童公共素养成长记录

平时，爸爸妈妈会给孩子穿很花哨的衣服吗？孩子喜欢这样的衣服吗？请爸爸妈妈和孩子拿起笔，共同记录一下形象素养的点滴吧！

日期 _____　　　　**孩子签名** _____

我的形象很好：

_____

_____

我知道，这样的形象不太好：

_____

_____

爸爸妈妈自我评价

我这样搭配孩子的着装：

_____

_____

_____

32 戴什么还要看衣服，饰品别太多

我们都知道，在一些比较重要的场合，人们除了会选择得体的衣服外，还会在其他方面进行"包装"。比如，梳一个合适的发型，选择一些饰品别在胸口或领口处，女士还会佩戴一些耳坠或项链等，这样不仅使人与衣服看起来比较和谐，而且整个人看上去也显得更有精神、更有气质。

在生活中，大人要注意自己的穿衣打扮，同样也要注意孩子的服饰搭配。

有一次，我在商场里，看到一位时髦的妈妈正带着一位小女孩逛街，小女孩穿着带蕾丝花边的裙子，梳着一个花苞头，这样看上去既活泼又可爱。可是，为了凸显漂亮，小女孩的身上还带着许多饰品：左手腕上戴着手表，右手腕上戴着手镯，眼睛上还架着一副墨镜，最夸张的是脖子上带着一长一短的两条项链……

就在我正观察这个小女孩的时候，对面一个小男孩飞奔而来，不小心将小女孩撞倒在地。小女孩顿时放声大哭，女孩的妈妈赶快跑到小女孩身边，可是令人难过的是，由于小女孩的墨镜破碎伤到了眼睛……

其实，父母把孩子打扮得漂漂亮亮的，这本来是一件很正常的事。可是，如果父母不管孩子穿什么衣服，都给孩子佩戴许多饰品，这样不仅不会使孩子看起来更漂亮，反而会增加孩子的身体负担。

另外，孩子的衣服上配饰太多，也会影响孩子的活动。试想一下，一个正在跑步的孩子，如果身上戴得叮叮当当的配饰太多，很有可能会束缚孩子的手脚，而且严重的话，还会对孩子的人身安全造成影响呢！

　　我们知道，一些女孩天生爱美，总喜欢给自己戴很多配饰，这时父母应给予正确指导，同时也要对孩子的日常穿衣做出规范。

九班

◆ 如果孩子穿运动装或校服，就不需要让孩子佩戴饰品。

◆ 若是参加一些特殊场合，孩子穿着正式的服装，可以佩戴小领结或简单的项链。爸爸妈妈要注意，让孩子只佩戴一两件饰品就可以，饰品多了反而显得累赘不得体。

◆ 在学校，孩子应该遵守学校的礼仪，比如，统一着装，统一佩戴胸卡等，不能再佩戴其他饰品。

◆ 如果发现孩子过于爱美或虚荣心太强，父母一定要及时纠正，千万不要让孩子形成错误的审美观或价值观，

儿童公共素养成长记录

认真观察一下，孩子在穿衣服时喜欢搭配哪些饰品？这些配饰合适吗？请爸爸妈妈和孩子拿起笔，共同记录一下形象素养的点滴吧！

日期 _____　　　**孩子签名** _____

我的形象很好：

_____

_____

我知道，这样的形象不太好：

_____

_____

爸爸妈妈自我评价

我这样搭配孩子的着装：

_____

_____

_____

Lesson 4

仪容、行为很得体，
孩子乖巧又可爱

33 有一双干净的手

在日常生活中，每个父母都会对孩子说："注意讲卫生，把手洗干净。"可是，孩子真的把手洗干净了吗？

在幼儿园里，到了吃午饭的时间，老师告诉小朋友们在吃饭之前应先去洗手。虽然小朋友们都会乖乖地按照老师的要求做，可是，如果检查一下他们的洗手质量，你就会发现有些小朋友的手还是跟没洗一样！这些小朋友只是让手与水进行了一下亲密接触，并没有认真地把手洗干净。我的小外甥轩轩就是一个典型的例子。

轩轩特别调皮，饭前让他洗手时，他总会"偷工减料"，而且平时也不爱洗手。尽管他的妈妈一再对他强调洗手的重要性，可是他每次都当成耳旁风，根本不会按要求做。这不问题来了，前几天，轩轩的老师给他妈妈打电话，说他在学校里肚子疼得厉害，最后被医生确诊为胃肠炎，而原因就是因为他经常不洗手吃坏了肚子造成的……

确实如此，手是我们人体与外部接触最为频繁的器官，我们的手每一次与其他东西接触时，都会或多或少地沾染一些细菌或病菌。所以，如果在吃东西前没有把手洗干净，这些细菌和病菌就很容易沾染到手上，那等我们再用手拿食物时，它们就会和食物一起被我们吃到肚子里，这样一来，我们就会生病。

我们知道，大多数孩子都活泼好动，好奇心又强，对于新鲜的东西总愿意亲手摸一摸、碰一碰，殊不知，这样的动作会增加沾染上细菌的可能性。再加之无论是在生活中，还是在学习时，几乎所有活动都离不开双手，这样一来，如果孩子不注意手的卫生，必定会引发很多种疾病。

因此，父母在平时要让孩子养成勤洗手的好习惯。

◆ 父母在教育孩子的同时自身也应该在生活中勤洗手，并告诉孩子洗手的好处，让孩子重视洗手。

◆ 告诉孩子正确的洗手方法。首先，打开水龙头冲洗一下双手；然后在手心滴上洗手液或抹上肥皂，然后用手搓出泡沫后，双手相互摩擦手心、手背、手指和指缝等部位，最少揉搓十秒钟；第三，用流动的清水至少冲洗 10 秒钟；最后，用干毛巾或手纸擦干净双手，如果有干手机也可以吹干双手。

儿童仪表素养成长记录

看一看孩子的双手干净吗？请爸爸妈妈和孩子拿起笔，共同记录一下仪容素养的点滴吧！

日期 _____   **孩子签名** _____

我的洗手习惯很好：

_____

_____

我知道，这样的洗手方法不太好：

_____

_____

爸爸妈妈自我评价

我这样培养孩子的好习惯：

_____

_____

_____

孩子的教养，源自父母的修养

34 让头发和身体保持干净

前段时间，我的朋友跟我说了这么一件事：

有一天，她的儿子放学回来后，跟她说想要换同桌。她不禁问孩子到底是为什么，孩子回答说现在的同桌身上有一股味，实在是令人太无法忍受了。起初，她并没有把这件事放在心上。可几天后，孩子又说到了这个事情。于是她便打电话向孩子的班主任询问，结果才知，并不是孩子刻意找事，孩子的同桌这段时间由于家庭变故，可能是家人照顾不到，在卫生方面确实存在问题……

一个身上散发着异味的人，谁都不会喜欢和他在一起。单从仪容礼仪角度讲，这样不仅是对别人的不尊重，更是对自己的不负责。

另外，孩子正处于生长发育阶段，新陈代谢比较快，再加上男孩天性爱动，每天的活动量大，很容易出汗，如果不能及时清洗，时间一长，身上不仅会有异味，还容易滋生一些细菌，进而还可能会引发一些疾病呢！

每位父母都应该重视孩子的卫生问题。要让孩子养成勤洗澡、勤换衣的好习惯。试想，谁会喜欢一个头发油腻腻、浑身散发着异味的人呢？

另外，父母也要让孩子重视卫生，用正确的方法适当引导孩子。可是有的孩子对卫生问题并不当回事，每次洗脸、洗澡都会"偷工减料"，这时父母就要做好监督工作了。

◆ 父母要为孩子树立榜样，自己讲卫生，孩子也才会讲卫生。

◆ 父母要培养孩子养成讲卫生的好习惯。告诉孩子每天早上起来要洗脸，晚上睡前要洗脚，平时要勤洗手，尤其是饭前便后要洗手。

◆ 让孩子留意一下自己的头发和身体，看它们多长时间会变脏，然后给自己定一下洗头、洗澡的时间。

◆ 在洗澡时，父母可以告诉孩子身体的哪些部位容易隐藏细菌，要重点清洗等。同时，洗澡时注意要把头发清洗干净，并把头发整理好。

◆ 鼓励孩子洗澡后勤换衣。夏天应该天天洗澡，并换穿干净的衣服；其他时候最好两三天就洗一次，洗好后应该换穿干净的内衣裤。

◆ 如果女孩头发比较长，应该把头发梳顺整理好扎起来；男孩应注意及时理发，避免头发长得遮住耳朵和眉毛，一般一两个月应该理一次发。

儿童公共素养成长记录

平时，爸爸妈妈是否关注孩子个人卫生？请爸爸妈妈和孩子拿起笔，共同记录一下仪容素养的点滴吧！

日期 _____ **孩子签名** _____

我的仪容很好：

_____

_____

我知道，这样的仪容不太好：

_____

_____

爸爸妈妈自我评价

我这样培养孩子的好习惯：

_____

_____

_____

35 打喷嚏、咳嗽要避人

打喷嚏、咳嗽是人体的正常生理反应，但是，如果你在做这些事情时，不注意对他人的影响，很可能会将疾病传染给他人。因此，我们在打喷嚏或咳嗽时，应该适当遮挡一下，避免喷到他人身上或脸上。

当面前有人时，许多人都会用手直接捂住嘴来遮挡，其实这种做法是不对的。因为这样可能会使口里的细菌、病菌沾染到手上，随后只要是手触摸过的地方，都有可能粘染上细菌和病菌，而其他人在接触这些地方时，也可能会被传染。对此，有关专家建议，如果来不及掏手绢或纸巾时，可以先用胳膊肘挡住脸，这样细菌或病毒就会沾染到衣服上，从而降低了更多人被沾染的概率。

对于打喷嚏或咳嗽这些人体不能控制的行为，许多大人都知道有意避开他人。可是，孩子在做这些事情时，却可能不会注意。我就曾遇到过这样的事。

一次在公交车上，人比较多。几个孩子陆续上车后，都站在了后面。尽管车上人多拥挤，可是孩子们谈论的热情并没有受到影响，依然兴高采烈地说个不停。"阿嚏！"突然，其中一个孩子打了一个喷嚏，只见其他几个孩子都露出了不悦的表情，一个个脸上或身上都不同程度地沾染了鼻涕，"喂，怎么不通知一声啊"，"哎呀，你怎么不知道遮挡一下呀"……孩子们七嘴八舌地埋怨着。

我想，或许那个孩子也没有意识到，这样的行为会给他人带来影响吧。那么，作为父母，一定要及时告诉自己的孩子，在打喷嚏或咳嗽时应该避开他人。

◆ 父母为孩子做好示范，在打喷嚏或咳嗽时及时避开他人。

◆ 告诉孩子，对着别人打喷嚏或咳嗽不仅不礼貌、不得体，而且也不文明。

◆ 告诉孩子打喷嚏或咳嗽时避开他人，可以减少传染给他人疾病的概率。

◆ 在打喷嚏或咳嗽时，应该用手帕、纸巾或胳膊肘挡一下，以防喷到他人。

◆ 吃饭的时候，不能冲着食物打喷嚏或咳嗽。

◆ 如果打嗝、剔牙、打哈欠时也应该避开他人，不能在众人面前毫无顾忌。

◆ 如果感冒了或者在传染病流行季节，应该随身携带手绢或纸巾，在需要的时候用它们擦拭，用过后扔到垃圾桶里。另外，也可以戴上口罩减少互相传染的机会。

儿童公共素养成长记录

打喷嚏、咳嗽时，孩子是怎么做的？请爸爸妈妈和孩子拿起笔，共同记录一下行为素养的点滴吧！

日期 _____   孩子签名 _____

我的表现很好：

_____

_____

我知道，这样的行为不太好：

_____

_____

爸爸妈妈自我评价

我这样引导孩子的行为：

_____

_____

_____

36 当众挖鼻孔、擦眼屎一点也不可爱

在网络上，我们经常会看到一些恶搞图片，比如挖鼻孔、挖耳屎等，对于这些图片大家看到后笑一笑就过去了，可是如果在现实生活中，有人当着你的面做出这些举动，恐怕你就不觉得好笑了吧！

当然，我的意思并不是说不能挖鼻孔、擦眼屎、打哈欠……而是在做这些动作时，大家要注意文明问题。

有时候感觉鼻子里痒了，人的第一反应是抠抠鼻子或是挖挖鼻孔，这是人的正常反应，可是如果在公众场合，当着众人的面这么做就不太合适了。尤其是小孩子，还不知道注意自己的形象，如果父母没有及时教育孩子，就会给他人留下不好的印象。我就曾遇到过这样的情况。

在一次聚餐活动中，服务员对刚上的菜介绍完后，大家都正细细品味，我正要对那道菜发表评价，一抬头，看见坐在我对面的一个朋友的孩子，正一边吃菜一边抠鼻孔，顿时，我把刚想好的词全都忘了……

我相信，大部分父母都希望别人夸自己的孩子可爱、礼貌、得体。对此，父母就要在这些小动作、小细节上，告诉孩子应该怎么做。

◆ 父母给孩子做好榜样，在一些公众场合，避免做挖鼻孔、擦眼屎这些不雅的动作，也不要当众为孩子擤鼻涕。

关于这一点，欧美国家的父母也会教育孩子，不能在公众场合挖鼻孔，也不能做一些其他不雅的动作。

◆ 告诉孩子，如果想清理鼻屎，可以去洗手间清理干净。
◆ 在出门前，可以提醒孩子照一下镜子，检查脸是不是洗干净了，眼角有没有眼屎等，这样可以减少或避免在公共场合做一些不雅行为。
◆ 像打哈欠、擤鼻涕、剔牙等行为也需要注意避开他人。
◆ 如果有特殊原因，比如感冒了流鼻涕，可以随身携带纸巾或手绢，在需要清理的时候避开其他人。

儿童公共素养成长记录

孩子有挖鼻孔的习惯吗？爸爸妈妈如何引导孩子这种行为？请爸爸妈妈和孩子拿起笔，共同记录一下行为素养的点滴吧！

日期 _____　　　　**孩子签名** _____

我的表现很好：

_____

_____

我知道，这样的行为不太好：

_____

_____

爸爸妈妈自我评价

我这样引导孩子的行为：

_____

_____

37 吃完饭记得漱漱口

有一次，我去拜访一位牙医朋友，在牙科病房里，我发现有不少小病人。后来听朋友说，这些孩子之所以会有口腔问题，大多是因为不爱刷牙或者在吃完东西后不漱口造成的！

大家在吃饭时，难免会吃一些带味的食物，吃完饭后漱漱口，不仅可以去除异味、清新口气，同时还会防止一些尴尬情况出现，避免给他人留下不好的印象。

有一天，我在小区门口遇见了邻居家的孩子，孩子看到我后就笑着打招呼："阿姨好！"我为孩子的主动问好感到很高兴，可是一抬头，却看见他的牙齿上粘着一个绿绿的东西。哦，不用说，肯定是菜叶……

这个孩子本来是非常可爱的，爱说爱笑，很有礼貌。可是，就因为那天出现的状况，让孩子的形象大打折扣。

每个人都希望自己能给别人留下一个好印象，尤其是孩子，更是喜欢听到别人的夸奖。可是，如果不注意口腔卫生，一张口不是牙齿上粘着东西，就是说话有口气，这样不仅不会受到别人的喜欢，相反，还会破坏自己的良好形象。

所以，无论是出于自身的卫生考虑，还是希望得到他人的夸奖，都应该注意口腔卫生，一定要养成吃完饭后勤漱口的好习惯。

◆ 饭后漱口能够清除口腔里的食物残渣和碎屑，有效避免口气的产生。

◆ 饭后漱漱口还可以保护牙齿，降低患龋齿的几率。

饭后漱口虽然只是一个简单的动作，但是意义却一点也不小，父母应该重视这一点。

◆ 教给孩子正确的漱口方法。吃完饭后喝一口水含在嘴里，上下牙稍微张开，用一点力鼓动腮帮和唇部，使水能接触到口腔里的所有部位，反复几次后把水吐出。

◆ 在漱完口后，应该检查一下口腔卫生，可以张开嘴巴照照镜子，看口腔里是否还粘有其他东西。

漱口

有的孩子可能会用漱口代替刷牙，这点父母也要给孩子讲清楚，刷牙可以清理口腔里的牙菌斑，但是漱口对牙菌斑却起不到有效的清理作用，因此，漱口是不能代替刷牙的，这两个好习惯要相辅相成。

儿童公共素养成长记录

吃完饭后，孩子会漱口吗？请爸爸妈妈和孩子拿起笔，共同记录一下行为素养的点滴吧！

日期 _____   **孩子签名** _____

我的表现很好：

_____

_____

我知道，这样的行为不太好：

_____

_____

爸爸妈妈自我评价

我这样引导孩子的行为：

_____

_____

_____

38 站姿也是有情绪的

你能通过看一个人的站姿，判断出这个人的情绪吗？

可能许多人会说："那怎么可能呢？"要知道，人的站姿也是有"情绪"的，这里所说的"情绪"并非喜怒哀乐，而是特指一个人的肢体状态。比如，一个站姿挺拔的孩子常给人精神抖擞、积极向上的好感；而一个弯腰驼背、站姿歪斜的孩子会给人留下颓废、散漫的印象。

而且孩子的身体正处于生长发育时期，此时骨骼组织中的有机物含量较多，有很强的可塑性，如果不注意让孩子养成良好的站姿，时间一久，孩子的脊柱会产生畸形，从而影响到孩子的体态，同时内脏器官的功能和发育还会受到影响。所以，对于孩子的站姿，父母应该给孩子做出正确的行为指导。

◆ 告诉孩子站立的时候应该"站如松"。具体做法是：昂首挺胸，两眼平视前方，两臂自然下垂，足跟靠拢，足间夹角为45度。身体的重心处于两足间的前部，像松树一样端正稳健。

◆ 如果孩子有不良站姿的习惯，父母可以用墙壁作为参照帮助孩子纠正。具体方法是：让孩子靠墙站立时，脚跟、小腿肚和臀部都触及墙面，而背部离墙约5～8厘米。每天一次，每次坚持15分钟，很快就可以看到训练的效果。

另外，父母应该告诉孩子还要注意以下事项：

◆ 在站立的时候，如果斜倚在某种物体上，或者含胸弓背耸肩站立，这种姿势不但不优美，而且还会影响身体的正常发育。

◆ 如果是参加像升旗等比较严肃的仪式，应该挺胸抬头，直立站好。

◆ 如果站立时间较长，可以做稍息的姿势，两脚微微打开，但是上身还要保持挺立，不能弯腰弓背。

◆ 站立的时候，两臂自然下垂放在身体两侧，避免抱在胸前，否则给人留下强势的印象。

◆ 如果不良站姿一直保持不变，时间长了就会形成驼背，这样不仅影响形象美观，而且很难矫正。

儿童公共素养成长记录

站立时，孩子的行为如何？请爸爸妈妈和孩子拿起笔，共同记录一下行为素养的点滴吧！

日期 _____   孩子签名 _____

我的表现很好：

_____

_____

我知道，这样的行为不太好：

_____

_____

爸爸妈妈自我评价

我这样引导孩子的行为：

_____

_____

39 坐下时放好双腿

在生活中，许多孩子存在这种现象：

看电视时，不是在沙发上坐着，而是整个身体蜷缩在沙发上。

上课听讲时，弓着背，歪坐在凳子上，桌子下面的腿还不时地抖着。

乘公交车时，四仰八叉地"躺"在座椅上，两条腿都伸到了前面的座椅下面。

…………

每当看到有孩子这样坐着时，我真想告诉他："孩子，请保持正确的坐姿。"

可能有人会说，坐着就是为了休息嘛，怎么舒服就怎么坐呗！的确，有时候保持某种坐姿确实一时会比较舒服，但是，在他人看来这却是非常不雅的行为。如果长期保持这种姿态，对身体也会造成一定的伤害。另外，在公共场合，不良的坐姿看起来也有失礼节，会给他人留下不得体的印象。

我们知道，孩子正处于身体发育的阶段，同时这个阶段也是孩子习惯养成的关键时期，如果孩子不注意坐姿，不仅会影响身体的正常发育，而且还会养成不良习惯，虽然以后可以通过矫正来改善，但是并不一定会收到好的效果。

另外，从礼仪的角度讲，一个站有站相、坐有坐相的孩子，一定会受到人们的喜爱。因此，对于孩子的坐姿，父母应该给予正确的指导。

- ◆ 在坐的时候应该"坐如钟"，意思就是在坐时，上半身挺直，臀部稳重地坐在凳子的中间或靠后一些，大腿保持水平，两脚自然平放，头部、脖颈与身体尽量保持直线。

- ◆ 坐下时应该把双腿放好，不能跷二郎腿，也不能抖腿。

- ◆ 女孩子在坐的时候，如果穿的是裤子，按照上面提到的坐姿坐下就可以；如果穿的是裙子，注意要先把身后的裙子用手摆平后再坐，坐下后，再把前面的裙子自然放平。

- ◆ 当发现孩子坐得不端正时，父母应该及时提醒孩子；如果孩子感觉坐着很累，可以让孩子站起来走一走，活动一下身体。

儿童公共素养成长记录

坐下时，孩子的行为如何？请爸爸妈妈和孩子拿起笔，共同记录一下行为素养的点滴吧！

日期 _____   **孩子签名** _____

我的表现很好：

_____

_____

我知道，这样的行为不太好：

_____

_____

爸爸妈妈自我评价

我这样引导孩子的行为：

_____

_____

_____

40 先下后上、先出后进、长辈先行

在一些公共场合，我们经常会看到这样的情形：

在等公交车时，有些人不等乘客下完车，就急匆匆地往上挤；坐电梯时，有些人不等里面的人出来，就用力往里面钻；也有一些人，不管是坐公交、乘电梯，还是进出门时，和老人等长辈一起，也不知道让长辈先行，而是不管不顾地就自己先走……

其实这样的做法都是不好的。在乘坐公交车时，如果上下车的乘客谁也不让谁，那么，乘客们就会都挤在门口。加上车门本来就窄小，这样，要上车的上不来，要下车的下不去。即使上车的乘客挤了上来，下车的乘客还没下完，车也不会马上发动，最后耽误的是大家的时间。如果乘客中有人带了孩子，这样也会很容易使孩子受伤。

坐电梯和乘坐公交车的道理一样，只有先让电梯里面的乘客都出来，坐电梯的人再进去，电梯才能正常地运行。所以，我们应该尊重这些不成文的规定，在为他人提供方便的同时，其实也方便了自己。

《弟子规》中有云："或饮食、或坐走，长者先，幼者后。"

在生活中，只要有长辈的陪伴，长辈就会对孩子进行无微不至的照料。作为晚辈来说，孩子应在感谢长辈的关爱的同时，更应该在力所能及的范围内为长辈服务，比如和长辈一起进出门、乘坐交通工具时，要让长辈先行，平时父母一定不要忽略对孩子进行这方面的教育。

◆ 乘公交车等交通工具时，应该让下车的乘客先下完车后再上车。

◆ 乘电梯时，应该让里面的人出来后再进去。

◆ 与长辈在一起的时候，无论是乘车、坐电梯还是进出门，都应该让长辈先行。

◆ 与长辈在一起时，尽可能地为长辈做一些力所能及的事。比如，为长辈开门、搀扶长辈等。

儿童公共素养成长记录

　　和孩子讨论一下，生活中哪些地方需要注意一些礼仪规范？请爸爸妈妈和孩子拿起笔，共同记录一下行为素养的点滴吧！

日期 ....　　**孩子签名** ....

我的表现很好：

....

....

我知道，这样的行为不太好：

....

....

爸爸妈妈自我评价

我这样引导孩子的行为：

....

....

....

气质修养源自内心——
男孩绅士、女孩优雅

Part 3

孩子穿得很得体，但是没有礼貌、做什么都只顾自己，这样的孩子绝对称不上是一个小绅士、小淑女。绅士风度、淑女气质不仅体现在表面，还体现在个人品质、道德价值上。所以，真正的绅士、淑女无关乎出身，而取源于人的内心。

只是一个小小的动作，就能让人家称赞"好贴心的孩子"

41 这样打招呼更惹人爱

见到认识的人主动打声招呼，这本来是一种礼貌、得体的行为，可是，如果不分场合，不注意说话方式，就很容易造成误会。

有一次，我正要外出办事，在楼下遇到了邻居家的小男孩大雄，大雄冲我挥挥手，说："喂，你要去哪里？"虽然表面上看起来他是在和我打招呼，可是这种方式和语气却让我十分不舒服，怎么说我都是他的长辈，他怎么能这样对我说话呢？这样的做法也未免太不礼貌了吧……

我经常听到有大人抱怨，现在的孩子没礼貌、太自我，其实事实并不完全如此。

比如大雄，他实际上是一个懂礼貌的孩子，只是表达的方式有些欠妥，我想，这可能与他的父母没有细心引导有关。所以，很多时候，并非是孩子不懂礼貌，而是大人教得不够细致、不够到位。

那么，在打招呼这件事上，父母应该如何来引导孩子呢？

早上好

◆ 打招呼要用礼貌用语，比如遇见长辈可以说"您好"，遇见同龄人可以说"你好"。

◆ 不同的时间段，通常有不同的打招呼方式，例如早上好、中午好、晚上好等。

- ◆ 遇到认识的人，可以用一些专有的称谓，例如老师好、奶奶好等。
- ◆ 如果与他人通电话，也应该先打招呼向对方问好，然后介绍一下自己，再说具体的事情。比如，"阿姨您好，我是某某，我想找一下某某，他在家吗？"

在美国，人们在打电话时，通常都会先介绍一下自己，等对方知道自己是谁后，再询问是否可以和想找的人通话。

- ◆ 与对方打招呼时，应该用合适的音量，最好不要大喊大叫。如果离对方比较远，等走到对方的身边时，再开口打招呼。
- ◆ 如果对方是迎面而来，不要对对方视而不见，故意避开不打招呼。
- ◆ 打招呼时应该面带微笑。微笑着打招呼不仅礼貌、得体，而且还会带给对方亲切的感觉，拉近两人之间的心理距离。

儿童公共素养成长记录

遇到熟人时，孩子会与对方打招呼吗？请爸爸妈妈和孩子拿起笔，共同记录一下行为素养的点滴吧！

日期 _____   孩子签名 _____

我的表现很好：

_____

_____

我知道，这样的行为不太好：

_____

_____

爸爸妈妈自我评价

我这样引导孩子的行为：

_____

_____

_____

42 接受帮助后，真诚地说"谢谢"

有一次我在乘坐公共汽车时，看到一个小女孩被背上的大书包压得气喘吁吁，于是就把座位让给了她。小女孩很有礼貌地对我说了声"谢谢"。虽然只是一句简单的答谢，但是我能感受到她发自内心的真诚，这让我不由得为自己的所为感到欣慰。

在日常生活中，每个人都会有需要别人帮助的时候。如果在接受了别人的帮助之后，你能真诚地说声"谢谢"，这不仅会让对方觉得他的付出是值得的，同时还会让别人觉得你是一个有礼貌和懂得感恩的人。

人们常说，生活是个大课堂，每个人都需要在这个课堂中学习。确实如此，对于孩子来说，在生活中要学习的东西更多。在接受别人的帮助后，怎么做更礼貌、更得体？这就是其中的一课，作为父母，一定要给孩子恰当的指导。

◆ 告诉孩子，在接受他人的帮助后，要及时说"谢谢"。

◆ 说谢谢的时候，要看着对方的眼睛。这样不仅显得有礼貌，也让对方觉得更真诚。

谢谢

　　有资料说明，人们的心理预期时间是三秒，所以，在三秒内说出谢谢，既在对方的心理预期内，也会显出自己有诚意。

　　我们常说，眼睛是心灵的窗户，在说谢谢时看着对方的眼睛，更容易让对方感受到你的谢意。

◆ 在表达谢意时，不能大声喊叫，也不能太小声，按正常的说话音量，让对方能听见即可。

◆ 表达谢意时，可以具体到某人或某事。比如"谢谢阿姨""谢谢你今天帮我打扫卫生"等。

儿童公共素养成长记录

接受他人帮助后，孩子是怎么做的？请爸爸妈妈和孩子拿起笔，共同记录一下行为素养的点滴吧！

日期 _____   孩子签名 _____

我的表现很好：

_____

_____

我知道，这样的行为不太好：

_____

_____

爸爸妈妈自我评价

我这样引导孩子的行为：

_____

_____

_____

43 感受分享带来的快乐

如果你有一份快乐，把它分享给其他人，一份快乐就会变成许多份快乐。如果我们每个人都愿意把自己的快乐分享给他人，那么，整个世界就都会充满欢乐。

分享，不单单是一种行为，更是一种美德。让孩子学会分享，和他人一起感受和体验分享的乐趣，孩子也就学会了为他人考虑，懂得了如何与他人交往，这不仅是一件很有意义事情，而且对孩子的性格全面发展也有着重要的作用。

有一次，我去公园散步，看到两个小女孩各自在一边玩耍，一个女孩在玩滑板车，另一个女孩在玩悠悠球。她们两个总是会时不时地看向对方，好像有什么话想说。后来，其中一个女孩果然忍不住了，开口问另一个："我能玩一下你的滑板车吗？我把悠悠球给你玩。"另一个女孩二话不说就答应了。两个人互相交换了玩具，玩得很开心。

在生活中，有些父母为了不让自己的孩子受委屈，会尽量满足孩子的需求，买各种玩具、食物，别人有的，自己的孩子也不能少。但这样不仅会让孩子变得物质化，还会增加父母自身的经济压力。其实，父母完全不必大费周章，让孩子学会分享，就能解决很多问题。

教育专家做过调查研究，发现那些乐于分享的孩子性格更加开朗、更受人欢迎。分享，不仅能为孩子带来更多欢乐，而且还可以提高孩子的人际交往能力，父母应该有目的地培养孩子的分享意识。当然，并不是什么都能与他人分享，父母要掌握好度，并且告诉孩子，分享必须在自己能力承受范围之内，如果超出了自己的能力范围，那么，分享所带来的就不一定是有益的了。

◆ 可以和大家分享快乐，至于那些糟糕的事情，最好不要触碰，更不能和他人四处传播。

◆ 在家里，可以和家人分享美味的食物、有趣的事情等。

◆ 在学校，可以和同学、朋友分享一些好玩的游戏、知识等。

◆ 在公共场合，可以和他人分享一些公用设施和优美的环境，不要霸占公用设施。

◆ 在生活中，父母可以定期组织家庭聚会，这样既能增加亲子间的感情，又可以引导孩子学会分享。

◆ 得到他人的分享时，要表示感谢。

儿童公共素养成长记录

在集体中，孩子有分享意识吗？请爸爸妈妈和孩子拿起笔，共同记录一下行为素养的点滴吧！

日期 _____   **孩子签名** _____

我的表现很好：

_____

_____

我知道，这样的行为不太好：

_____

_____

爸爸妈妈自我评价

我这样引导孩子的行为：

_____

_____

44 体恤他人，不要只顾自己

下雨天的公交车上，当你把座椅上的水渍刚擦干净，正要准备坐下时，旁边的人抖动了一下雨伞，一些水滴又落到了你刚擦的座椅上。

自行车的停车场，你左腾右挪，终于找到一个停放自行车的位置，这时，一个人推着自行车径直把车子停在了那个位置上。

寒夜里的马路上，你好不容易等来了一辆出租车，正要打开副驾驶的车门进去时，一个人二话没说打开车后门直接坐了进去。

当你遇到以上这些情况，你又是怎样的心情？

在生活中，类似的事情还有很多，这些只顾自己、不顾他人的做法，不仅会让人觉得厌烦和无奈，同时也会给他人留下自私自利的印象。

我们每个人都生活在一个大集体中，如果在做事时，每个人都只顾自己方便，不顾对他人的影响，那我们的社会会变得多么糟糕？

我们知道，孩子作为家庭中的重要一员，代表着一个家庭的希望。如果你的孩子是一个体恤他人的好孩子，那么他不仅是一个受欢迎的人，而且还会交到许多好朋友。将来孩子长大了，无论在工作中还是在生活里，都会受到他人的尊重和爱戴。

那么，爸爸妈妈们，从生活中的小事做起，告诉孩子凡事要体恤他人吧！

嘘

◆ 在家吃饭时，可以让孩子帮着父母把每人的碗筷都摆放好，不能只拿自己的碗筷。

◆ 在家里，有人休息时，自己应该保持安静，或者在行动时轻手轻脚，不能制造出太大的动静以免影响家人休息。如果看电视，应该把音量调小。

◆ 在进出一些公共场合时，开门和关门都要轻拉轻放。不能用脚踢门或踹门。

◆ 在坐公交车时，如果身边有老人、残疾人等不宜站着的乘客，应该把座位让给他们。

◆ 参加集体活动时，在遵守集体规定的同时，也应该尽量照顾到其他成员。

◆ 当你看到父母或朋友等在做事情时，可以主动询问是否需要帮助，如果需要，应该乐意为他们效劳。

对于这点，许多欧美国家的父母在教育孩子时都会非常重视。因为他们知道，这不仅是培养孩子关心、体恤他人的意识，另外，孩子在帮助他人的同时也可能会学到一些新的东西。《弟子规》说的"亲有疾，药先尝；昼夜侍，不离床"，也是在说同一个道理。

◆ 无论自己喜欢某件东西或事情，还是讨厌某人或某物，都不能强迫他人和自己一样喜欢或讨厌。

在美国家庭里，很多孩子都明白一个道理，那就是不能期望所有人都在意你的爱好厌恶。如果你的想法比较消极，自己保留就可以，最好不要向父母和朋友抱怨。从另外一个角度说，这也是体恤他人的表现。

儿童公共素养成长记录

在一些公共场合，孩子会为他人着想吗？请爸爸妈妈和孩子拿起笔，共同记录一下行为素养的点滴吧！

日期 _____   **孩子签名** _____

我的表现很好：

_____

_____

我知道，这样的行为不太好：

_____

_____

爸爸妈妈自我评价

我这样引导孩子的行为：

_____

_____

_____

45 乘坐电梯时，乐意为他人按键

当你两手提着蔬菜和其他生活用品，走到电梯门口刚要进去时，电梯门突然关上了，你清楚地看见里面并没有满员，但是没有人为你按下开门键……

这个时候，你的心情会不会很失落？许多时候，我们会和别人一起乘坐电梯。如果在别人需要的时候，你能为他人按一下键，相信这个小小的举手之劳一定会赢得他人的好感。

正所谓"给人方便，自己方便"，父母需要正确地引导孩子，让孩子学会文明乘坐电梯，这样不仅能为他人提供方便，同时也会让他人更喜爱自己。

◆ 告诉孩子，在电梯门还没关闭、电梯内还有空间的时候，看到有人向电梯奔跑过来，可以按下开门键等一等。

◆ 如果在乘坐电梯时，自己正好站在了电梯按键附近，要乐意为他人按键。比如，有些人站在电梯靠里的位置，或者是手里拿着东西不方便按键，我们可以主动询问对方到几楼，并为他按下楼层键。

◆ 如果遇到拿着大件物品的人，在他到达对应的楼层后，可以帮助他按开门键，等对方安全离开后，再按上关门键。

另外，父母还要告诉孩子，注意一些小细节。

◆ 在乘坐电梯时，要等电梯的人都出来后，再走进电梯内。

◆ 在乘坐电梯时，如果自己进去得早，要站在里面，把门口的位置留给后来进去的人。

◆ 在下电梯时，如果人比较多，应该让门口的人先出，不要推挤。

儿童公共素养成长记录

与他人一起乘坐电梯时，孩子的表现如何？请爸爸妈妈和孩子拿起笔，共同记录一下行为素养的点滴吧！

日期 _____　　　　**孩子签名** _____

我的表现很好：

_____

_____

我知道，这样的行为不太好：

_____

_____

爸爸妈妈自我评价

我这样引导孩子的行为：

_____

_____

_____

46 乘扶手电梯，留出左边的位置

在商场、机场等一些公共场合，我们经常会遇到乘坐扶手电梯的情况。如果你遇到这种状况，应该怎么办？

你正在乘坐扶手电梯，突然有事需要马上离开，但是你前面的人有的靠右站着，有的靠左站着，正好把电梯堵得满满的……

平时，我们在走楼梯时，无论是上楼还是下楼，一般都会靠右行走，以把左边的位置留给跟自己相向而行的人。其实，在乘坐扶手电梯时，也应该站在靠右的位置，把左边的位置留出来。

也许有人会说，手扶电梯本来就分着上下两个通道嘛？谁会明明要下去，却乘向上行的电梯呢？的确，一般不会这么做。可是，谁也免不了遇到一些突发情况，需要马上去处理。如果乘坐电梯的人都是靠右站着，那么，电梯左边无疑就是一条畅通的道路，这时有急事处理的人就可以以最快的速度离开……

所以，父母应该告诉孩子，在乘坐扶手电梯时，应该自觉地站在靠右的位置。

当然，孩子在乘坐手扶电梯时也应该注意一些安全问题。

◆ 如果和同伴一起乘坐扶手电梯，最好一前一后地站在靠右的位置。

◆ 如果是父母带着孩子乘坐手扶电梯，父母可以一前一后站在右边，让孩子站在两人之间的台阶上。如果是一个家长带着孩子，应该让孩子站在前面，家长站在后面。

儿童公共素养成长记录

搭乘扶手电梯时，孩子的表现如何？请爸爸妈妈和孩子拿起笔，共同记录一下行为素养的点滴吧！

日期 _____　　**孩子签名** _____

我的表现很好：

....

....

我知道，这样的行为不太好：

....

....

爸爸妈妈自我评价

我这样引导孩子的行为：

....

....

....

47 尽量往里走，把入口留给后来者

在乘坐公共汽车时，我们经常会看到这样的现象：许多人挤在车厢前面，而车厢后面的人却很少，甚至空空的。

有一次，我带着孩子乘坐公共汽车，就遇到了这种事，虽然车上不断地播放着"请上车的乘客自觉向后走"的提示语，但是前面的乘客依旧无动于衷。我和孩子费了很大的力气，才挤到空空的车厢后面，孩子立即问我："妈妈，为什么里面这么空，大家却都挤在门口呢？"一时间，我也不知道该如何作答。

在国外，人们在上班停车时，早到的人总会自觉地把车停到停车场最里面，虽然停车场最里面的位置离公司门口最远。我曾经问过一位外国朋友："为什么不把车停在外面的位置？"朋友很平静地对我说："把外面的位置留给晚到的人，这样他们就不会因为在停车时浪费时间而迟到了。"

这件事对我的触动很大，让我不由得想起孩子曾经问过我的那个问题。其实，父母在教育自己的孩子时，生活当中方方面面的小事都可以作为教材。为什么要把门口的位置留给后来的人？最直接的原因是，这样可以方便后面上车的人，同时也可以避免车内拥挤，使乘客下车时不出现麻烦。

那么，在一些人比较多的公共场合，父母应该怎样引导孩子的行为呢？

◆ 父母应该给孩子做好示范。

◆ 告诉孩子，在乘坐公共汽车、地铁等公共交通工具时，上车后要尽量往里走，把入口的地方留给后来的人。

◆ 同样，在去一些公共场合时，例如上洗手间，尽量往里面走，把门口的位置让出来。如果大家都站在门口不往里走，这样会影响所有人的方便。

儿童公共素养成长记录

今天，爸爸妈妈带孩子去了哪些公共场合？人多拥挤的时候，孩子的表现如何？请爸爸妈妈和孩子拿起笔，共同记录一下行为素养的点滴吧！

日期 _____　　　　　**孩子签名** _____

我的表现很好：

_____

_____

我知道，这样的行为不太好：

_____

_____

爸爸妈妈自我评价

我这样引导孩子的行为：

_____

_____

孩子的教养，源自父母的修养

只是一句简单的话，孩子的情商指数就能明显提升

48 绅士、淑女常把这些词挂嘴边

许多父母都希望自己的孩子能像小绅士、小淑女一样有风度、有修养，但是有些孩子虽然穿得光鲜亮丽，日常谈吐却令人咂舌。要知道，"绅士""淑女"不是形容词，而是具有深度、内涵的专有名词，若想让自己的孩子成为真正的小绅士、小淑女，父母就要从日常用语上来引导孩子。

语言是有魔力的，当我们用贴心、礼貌的语言与人交流时，彼此都会很开心。

有一次，我去拜访一位朋友，被朋友孩子的表现深深折服了。别看小家伙才五岁，可是，在待人接物上简直就是个小大人。我刚进门，小家伙就热情地向我问好，当我送他礼物的时候，他很礼貌地鞠躬说："谢谢阿姨！"不用朋友提醒，小家伙还为我端来了水："阿姨，您请喝水。"临走时，他还不忘对我说："阿姨，欢迎您下次再来。"

老实说，这是我在国内见过的最礼貌的小朋友，俨然就是一位彬彬有礼的小绅士。有的父母可能会有疑问："培养这样的孩子，得花多少心思啊！"我也问过那位朋友，她说其实并不难，让孩子掌握基本的礼貌用语，经常用这些词语和孩子沟通就可以，时间久了，孩子自然会养成好习惯。那么，常用的礼貌用语都有哪些呢？

◆ 表达谢意：谢谢、非常感谢等。

◆ 表达歉意：对不起、不好意思、抱歉、打扰了等。

◆ 表示请求：请。

◆ 称呼他人：你好、您好。

◆ 与他人告别：再见、下次见等。

有的父母可能会问："要培养孩子的绅士风度、淑女气质，是不是需要创造特定的条件呢？"其实不然，在日常生活中，每个场景都可以当作培养孩子的机会，父母只要对孩子稍加点拨，孩子就可以向绅士、淑女的行列更进一步。

◆ 在家里，爸爸妈妈可以和孩子做一些日常互动，例如，让孩子养成每天问候家人的习惯。早上起来后，家人之间互相问候"早上好"；外出时，家人互道"再见"，等等。

◆ 见到认识的人，主动打招呼问好。如果他人先向自己问好，一定要礼貌地给予回应，并向对方问好。

◆ 不要说粗话，也不要给他人起不好听的绰号。

儿童公共素养成长记录

在日常交谈中，孩子常把哪些礼貌用语挂在嘴边？请爸爸妈妈和孩子拿起笔，共同记录一下行为素养的点滴吧！

日期 ....

孩子签名 ....

我的表现很好：

....

....

我知道，这样的行为不太好：

....

....

爸爸妈妈自我评价

我这样引导孩子的行为：

....

....

....

49　用欣赏的眼光、宽容的心态对待他人、他物

俗话说："金无足赤、人无完人"。不管是人还是物，都会或多或少地存在一些缺点和不足。我们在对其进行评价时，应该用欣赏的眼光、宽容的心态，多看看其长处，少说其缺点和不足，或者用稍微委婉一些的口气表达。相信许多大人都明白这个道理。可是对于大多数孩子来说，可能还不太懂得这一点，说起话来常常会口无遮拦，给人造成尴尬的局面。试想一下：

当你下班后回到家里，看到女儿正在扫地，你高兴地说了句"我的女儿真勤快呀"，并用手捏了一下她的脸蛋儿。谁知她赶忙用手擦擦脸并说道："你的手真脏！"

或者是：

朋友邀请你去他家做客，你和儿子刚进朋友家门，儿子就来了一句"这个屋子好小哦！"这时，你和朋友是不是都很尴尬呢？

也许有人会说："孩子还小嘛，童言无忌，等长大了自然就懂了。"其实不然，许多时候，孩子之所以会童言无忌、口无遮拦，不仅是因为孩子缺乏基本的与人相处的能力，而且还说明孩子的心态不够宽容。

学会宽容和欣赏他人，对孩子来说，往往比学习知识更重要。我们知道，世界本来就是不同的。大到一个城市，小到一个家庭，当然都是不一样的。我们既不能用自己的标准去要求别人怎么做，也不能按照自己的标准去评判他人。如果这样做，你收获到的只能是更多的敌意。相反，如果你怀着一颗宽容之心，用欣赏的眼光，去看待别人的不同，那么，收获的会是友谊和帮助。

◆ 在和他人相处时，应多想想对方的优点和好处。比如，虽然对方长得胖，可是他力气大，在需要搬东西时帮助你。

◆ 如果他人沉默寡言，和对方在一起你会享受到安静；如果他人爱说，你可以做一个听众。

◆ 如果他人活泼、调皮，你可以从他人的言行中得到更多的快乐。

在去别人家做客时父母也要正确地引导孩子。

◆ 去别人家做客，尽量发现别人家的优点，比如，虽然面积很小，但是窗帘很漂亮，就可以说"你家的窗帘真漂亮"或者是"我很喜欢你家窗帘上的图案"。

◆ 如果对方家里的家具很旧，但是布置却很温馨，或主人很爱读书，就可以说"你家好温馨哦"或者是"你家的书好多哦"。

谢谢

你家的书好多呀！

儿童公共素养成长记录

在与他人相处的过程中，孩子能坦然接受他人的优点或缺点吗？请爸爸妈妈和孩子拿起笔，共同记录一下行为素养的点滴吧！

日期 _____　　　　孩子签名 _____

我的表现很好：

_____

_____

我知道，这样的行为不太好：

_____

_____

爸爸妈妈自我评价

我这样引导孩子的行为：

_____

_____

50 爱撒娇不代表可爱

　　生活中有这样一种现象，父母对孩子的宠爱越多，孩子就越爱撒娇。当然，小孩子撒娇是很平常的事情，偶尔还会让人觉得很可爱。但凡事都有个"度"，如果孩子把撒娇当做一种习惯，那就需要好好教育一番了。

　　许多父母可能会有类似的经历：当孩子犯了错误时，不是主动认错，而是用撒娇来掩盖自己的错误，以博取家人的同情，有的孩子甚至会撒泼……

　　我敢肯定，许多父母在孩子撒娇央求自己时，都会心软从而放弃责罚孩子。

　　作为父母，在孩子撒娇这个问题上应该有原则。不能因为孩子撒撒娇就放弃原则，这样，会使孩子觉得，遇到问题后，只要向父母撒娇，父母就会满足自己。长此以往，不仅会使孩子变得没有规矩，同时也不利于孩子性格的养成，甚至对孩子在人际交往方面都会有影响。

　　在生活中，如果孩子为了不吃饭、想吃零食，或者是想一直看电视、不想做作业而向父母撒娇，那么，父母则应该坚持自己的原则，绝不能心软。

　　当然，比如你最近工作较忙，忽略了对孩子的关心照顾，这时，孩子向你撒撒娇，多半是想引起你的关注。这时就可以对孩子的撒娇欣然接受，因为这是他对你表达感情的一种方式。

　　那么，对于爱撒娇的孩子，父母应该怎样来纠正呢？

◆ 告诉孩子，偶尔撒娇是可爱的表现，可是经常撒娇就不可爱了。

◆ 在一些原则性问题面前，父母要坚持原则，不能因为孩子撒娇而打破规矩。

◆ 告诉孩子遇到问题应该寻找正确的解决方法，靠撒娇是不能解决所有问题的。

◆ 父母应该培养孩子坚强的性格，给孩子独立锻炼的机会。

儿童公共素养成长记录

孩子喜欢撒娇吗？通常在什么情况下撒娇？请爸爸妈妈和孩子拿起笔，共同记录一下行为素养的点滴吧！

日期 _____   **孩子签名** _____

我的表现很好：

_____

_____

我知道，这样的行为不太好：

_____

_____

爸爸妈妈自我评价

我这样引导孩子的行为：

_____

_____

_____

51 去做客，不要喧宾夺主

　　一次，我去参加一个朋友的婚礼，到那里后发现，伴娘比新娘打扮得还要引人注目，因此，到场的宾客一直对此议论纷纷。也许这位伴娘并不是有意为之，但不得不说，她这样做真是有喧宾夺主之嫌了。在生活中，这种情况也常常发生，原本是配角、宾客，可是由于自己的言行举止过于招摇，反而却成了不受欢迎的主角。

　　父母对于自己的孩子，都是望子成龙、望女成凤的，甚至有些家长连对孩子的称呼都是小王子、小公主，从小就教育、培养他们的公主范儿、王子范儿，告诉他们将来要高贵、霸气，要做女王、领袖，于是，在一些公共活动中，有些孩子不顾自己的身份角色，过于表现自己……

　　记得有一次，一位朋友带着儿子来我家做客，我就把给女儿新买的积木拿出来，让两个孩子一起玩儿。没想到，朋友的孩子

完全把自己当做这里的主人，一直霸占着所有的积木，完全不给我女儿玩的机会，而且还随意翻动女儿卧室里的物品，惹得女儿十分不高兴。

许多孩子在言行上也会有类似的无意之举，这时，父母应该及时给予指正。但是也有一些父母，认为孩子这样做是爱表现自己，大人也很有面子，因此不但不阻止孩子，反而鼓励孩子这么做。

其实孩子的这种做法，很难使他获得比较融洽的人际关系。这种做法不但使他在同学中容易受到孤立和排挤，惹人讨厌，而且还很难交到真正的朋友。如果这样的孩子长大了，通常也不会有团队意识，更不懂得向心力和凝聚力的意义，很难和别人共同合作。

我觉得，无论父母对孩子的期望有多高，让孩子做到彬彬有礼、言行得体，这是最基本的要求。也只有礼貌待人、言行得体的人才有可能受到别人的欢迎和拥戴。在西方国家里，无论是在自己家里还是去朋友家，如果房间的门是关着的，都会先敲门，等听到对门的"请进"后，才会进去。

◆ 去做客，要注意礼貌礼仪，在进门时应该向主人打招呼问好，同时要感谢他们邀请自己去做客。

◆ 告诉孩子，去别人家做客时，自己的身份是客人，不能像在自己家那样随便，应该听从主人的安排。

◆ 在做客时，如果主人的房门是关着的，应该先敲门，得到回应后，才能进去。

◆ 在集体活动中，孩子应该服从集体约定，与他人友好合作，不能对他人呼来唤去。

◆ 对于主人的问话，应该礼貌应答，不能沉默不语，也不能说起来没完没了。

儿童公共素养成长记录

今天,爸爸妈妈带孩子去做客了吗？孩子的表现如何？请爸爸妈妈和孩子拿起笔,共同记录一下行为素养的点滴吧！

日期 _____   **孩子签名** _____

我的表现很好:

_____

_____

我知道，这样的行为不太好:

_____

_____

爸爸妈妈自我评价

我这样引导孩子的行为:

_____

_____

吃饭时的忌口问题

在吃饭问题上，不同的人有不同的口味。比如，有的人不吃香菜，有的人不吃葱花等。如果是在自己家里吃饭，可以适当按照自己的口味来。可是，如果在公众场合里，对桌子上的菜挑三拣四，那就实在太不得体了。

我不吃这个

有一次，我和朋友在餐厅里吃饭时，隔壁餐桌上的一个孩子不时地嚷嚷："我不爱吃鸡蛋，怎么还点了鸡蛋羹呀""我喜欢喝纯果汁，这个果汁不是纯的吧"……与他同桌的两个大人和另外一个小朋友听到这些，都露出了十分尴尬的表情。

我曾多次目睹过这样的事情，在还没有上菜开席时，有的家长就提醒别人："我的孩子不吃土豆""我的孩子不吃蘑菇"……这种唯恐全桌人不知道自己口味的做法，不仅会加深孩子挑食的习惯，也会给他人留下不好的印象。

无论是在家里，还是在公众场合，即使孩子在吃饭上有忌口，父母也应该做到言行得体、尊重他人，千万不要太以自我为中心，影响到了他人。

◆ 如果孩子对某些食物过敏，父母要提前说明。

◆ 如果有人给自己夹菜，无论是不是自己喜欢吃的，都要礼貌地谢谢对方。

◆ 碗中有自己不喜欢吃的食物，可以留到最后，告诉爸爸妈妈自己吃不了，请他们帮忙吃掉。

◆ 告诉孩子，对于自己不喜欢吃的食物，可以试着尝尝，说不定现在爱吃了呢。

◆ 如果是父母请别人吃饭，孩子可以在点菜之前，问问其他人有没有特别喜欢吃的或忌口的食物，这样会显得孩子很礼貌、很体贴。

儿童口共素养成长记录

孩子有忌口的食物吗？大家一起吃饭时，孩子的表现如何？请爸爸妈妈和孩子拿起笔，共同记录一下行为素养的点滴吧！

日期 _____　　　　　**孩子签名** _____

我的表现很好：

_____

_____

我知道，这样的行为不太好：

_____

_____

爸爸妈妈自我评价

我这样引导孩子的行为：

_____

_____

_____

53 别成为传递坏消息的人

在生活中，谁都会遇到不开心的事情。比如，某某夫妻吵架了，某某出了车祸了，某某小朋友考试不及格……

这些坏消息虽然对于当事人来说郁闷至极，可在有些人眼里却成了不错的谈资，但是谁都不喜欢传递坏消息、背后议论他人的人。试想一下，这种人在别人心目中留下的是什么形象？乌鸦嘴、八卦、幸灾乐祸……

在电视剧中，我们经常会看到一些闲着没事，专爱说东家长、西家短的人，这种人在剧中都非常令人讨厌，相信在现实生活中也是如此。所以，父母千万别当着孩子的面传播别人的坏消息，小心自己的孩子也成为传递坏消息的人。

虽然那些坏消息是真实的，也许孩子在说这个坏消息时，也并没有幸灾乐祸的意思，可是这样做，不仅给当事人带来了不好的影响，同时也不会获得他人的信任和喜欢。相信，每个父母都不希望自己的孩子人见人烦吧！

翻开《弟子规》，老祖宗早已将这个道德标准记载其中："见未真，勿轻言，知未的，勿轻传。彼说长，此说短，不关己，莫闲管。"

◆ 告诉孩子，说别人的坏消息是一种不礼貌、不得体的行为。

◆ 告诉孩子不能议论他人的倒霉事，尤其不要在背地里乱说。

他考试不及格

◆ 如果身边的人遇到不好的事情，孩子要学会安慰对方，而不是把这个不好的消息再告诉别人。

◆ 就算自己是第一时间得知坏消息的人，也不要不加思考地第一个告诉当事人。

儿童公共素养成长记录

爸爸妈妈经常给孩子传递好消息，还是坏消息？孩子常给他人带去哪种性质的消息？请爸爸妈妈和孩子拿起笔，共同记录一下行为素养的点滴吧！

日期 _____   **孩子签名** _____

我的表现很好：

_____

_____

我知道，这样的行为不太好：

_____

_____

爸爸妈妈自我评价

我这样引导孩子的行为：

_____

_____

54 学会退一步，
等一会儿没什么

你见过这样的情景吗？

公共厕所门口排的队伍并不长，可是，一些父母却让孩子在厕所门口大小便……

大家都有秩序地排队上车，这时跑过来一对母子，妈妈以孩子为挡箭牌，推着孩子往门口挤……

类似的行为在生活中屡见不鲜，十分招人厌烦。

有时候，在一些自助餐厅，我们也会看到争先恐后的人。既然是自助餐，肯定是人人有份，耐心地等待一下，每个人都能吃上美味的食物，为什么偏偏就是有人争抢呢？

在一些人比较多的公众场合，如果大家对于某件事都有需求，为了公平起见，排队自然是最好的方法。如果你来得晚，自觉地站在后面，退一步、多等一会儿，这并不难做到。然而有许多家长，尤其是爷爷奶奶等祖辈，过于在意和夸大孩子的需求，不愿意让孩子多忍耐一会儿，也不能见孩子受一点委屈。为此，只想满足孩子的需求，而不考虑其他人的感受。这样的行为看似是爱孩子，实际上对孩子的成长并无益处。

其实，孩子都有一定的控制能力，只要父母对孩子有信心，懂得正确引导孩子的行为，让孩子学会忍耐，那么孩子会变得更懂事更有风度。

◆ 告诉孩子在需要排队时，如果来得晚，应主动站到队伍的后面。

◆ 在排队过程中，如果他人因特殊原因想排到你的前面，你可以根据实际情况做决定，相信自己，即使多等一会儿，也没什么关系。

◆ 在游乐场玩乐时，如果自己想玩的玩具有小朋友正在玩，应该等一会儿，或者是先玩一会儿其他玩具。

◆ 在餐厅等着上菜时，保持安静，多等一会儿再吃也不会饿坏身体的。

儿童公共素养成长记录

认真观察一下，孩子的耐心如何？请爸爸妈妈和孩子拿起笔，共同记录一下行为素养的点滴吧！

日期 _____　　　　**孩子签名** _____

我的表现很好：

_____

_____

我知道，这样的行为不太好：

_____

_____

爸爸妈妈自我评价

我这样引导孩子的行为：

_____

_____

_____

55 像尊重家人一样尊重服务业人员

我曾听一位在餐厅上班的朋友讲过这么一件事：

服务员在给一桌一家三口上菜时，盘子不小心碰了一下桌角，里面的菜瞬间掉了几片。这时，坐在旁边的孩子顿时喊了起来："你没长眼睛呀！这么不小心，掉在地上的菜你赔呀？"尽管服务员一再道歉，可是孩子依旧不依不饶，坐在桌旁的家长看到这种状况，不仅没有制止孩子的做法，反而拍起桌子冲那个服务员嚷道："你到底有没有长眼睛？把你们经理叫来，今天这事必须给我个说法！"虽然那位服务员连连道歉说对不起，但最后还是不得不把经理叫了过来……

其实，这本来也不是一件大事，可是，由于孩子的不礼貌行为，不仅使这一家没有吃好饭，闹得双方都不愉快，同时还影响了其他就餐顾客的情绪。

我们在生活中也经常会看到类似的事情。比如，住酒店时，有些人在本来很干净的房间里，对着服务员横挑鼻子竖挑眼；超市里，有些人偏偏无视"请勿品尝"的告示牌，对食品随意品尝，甚至在被提醒时，还不礼貌地对导购员说"不让吃谁买呀"……

我们常说，职业无尊卑。确实如此，社会上的每个职业都有它存在的价值，尤其是服务行业。作为父母，我们应该告诉孩子，要尊重每一个行业，当然也要尊重从事服务业的人员。

也许有人会说，我们去这些地方是花了钱的，理应享受良好的服务，难道花了钱还要受委屈吗？当然不是，如果有问题，应该礼貌、妥善地解决，没有必要大吵大闹。再说，我们和服务员的地位是平等的，应该互相尊重，而不应该对服务员大吼大叫。

谢谢

儿童公共素养成长记录

在与服务人员打交道时，孩子的表现如何？请爸爸妈妈和孩子拿起笔，共同记录一下行为素养的点滴吧！

日期 _____   孩子签名 _____

我的表现很好：

_____

_____

我知道，这样的行为不太好：

_____

_____

爸爸妈妈自我评价

我这样引导孩子的行为：

_____

_____

_____

56 人过无痕，
不留签名和垃圾

现在，旅游业越来越发达，国内游、出国游、跟团游、自助游……旅游方式五花八门，然而一些不文明现象也悄然出现。例如，一群游览美景的游客走后，地上往往会留下口香糖渍、塑料袋、瓜子皮等垃圾；在一些名胜古迹和树木上，我们也经常看到上面刻有"某某到此一游"的字样。虽然在这些旅游景点都竖有"禁止乱扔垃圾"、"禁止乱写乱画"等提示牌，附近也都放着垃圾桶，可是，许多人仍像没有看见一样，依然我行我素。

其实，不只是旅游，一些公共活动结束或人们在日常出行时，都会遇到这种情况。

在一个广阔的广场上，许多商家的促销活动刚刚结束，人们渐渐散去，但是地上却留下了七零八散的矿泉水瓶、塑料袋、包装纸等垃圾。我在经过这里时，还想要不要绕道而过，免得让那些垃圾破坏我的好心情。走过那片活动场地，我不经意间又回了下头，啊！我竟然看见一位妈妈和一个五六岁的小女孩正在把地上的塑料袋和水瓶收进包包里……

谁都愿意生活在一个干净、和谐、美好的环境中，而美好的环境是需要大家共同创造、维护的。所以，父母需要注意生活中的点点滴滴，从小事上培养孩子的文明素质。

◆ 父母以身作则，在公共场合做到举止文明，不乱扔垃圾、不随地吐痰等，
   为孩子树立一个好榜样。

◆ 告诉孩子，在公共场合，不能乱写乱画，更不能在树木、建筑物等物体
   上乱刻。

◆ 在户外活动时，要将垃圾扔到垃圾箱里。如果附近没有垃圾箱，可以先
   带在身上，等找到垃圾箱后再扔。

◆ 外出旅游或郊游时，父母可以准备一些垃圾袋，等游览结束后，和孩子
   一起将垃圾收在垃圾袋中。

儿童公共素养成长记录

今天，爸爸妈妈带孩子去哪里旅游？参观游览时，孩子的表现如何？请爸爸妈妈和孩子拿起笔，共同记录一下行为素养的点滴吧！

日期 _____　　　　**孩子签名** _____

我的表现很好：

_____

_____

我知道，这样的行为不太好：

_____

_____

爸爸妈妈自我评价

我这样引导孩子的行为：

_____

_____

_____